AF579043

INMIGRACIÓN

EDUCADOS PARA EL FRACASO

INMIGRACIÓN

EDUCADOS PARA EL FRACASO

JOSÉ LLAMAS MOLINA

ÍNDICE

PRÓLOGO

La educación es algo que sucede, queramos o no. A los niños se les educa consciente o inconscientemente, voluntaria o involuntariamente, de buena o mala gana, acertada o equivocadamente, para el bien o para el mal, para su bien o para su mal, con sabiduría o necedad, con amor o con indiferencia, pero son educados. A veces con el deseo o apoyo de sus padres, otras, afortunada o infaustamente, a pesar de ellos.[1]

Las distintas definiciones del término educación admiten diferentes adjetivos, como buena o mala, pudiéndose cuantificar como mucha o poca, también admite la calificación de suficiente, insuficiente o deficiente, puede ser una educación familiar, institucional, reglada, moral, ética, formal, no formal o informal.[2]

Podemos abordar el universo educativo dividiéndolo por etapas, sectores o clasificándolo con esos tres últimos términos del anterior párrafo: Educación formal, no formal[3] e informal.[4] Esta clasificación científica del hecho educativo pretende abarcar la globalidad del universo de la educación. Esta división tripartita necesita a continuación delimitarse entre sí, definiendo dónde empieza y acaba cada una de

---

[1] Montesquieu citaba tres formas de educación: "...recibimos tres educaciones diferentes, si no contrarias: la de nuestros padres, la de nuestros maestros y la del mundo. Lo que nos dicen en la última da al traste con todas las ideas adquiridas anteriormente".

[2] En "Democracia y Educación", Dewey identifica la existencia de dos formas de educación: la educación incidental y la educación sistemática.

[3] Según J. Trilla (1993) el término «educación no formal» se usa por primera vez en la International Conference on World Crisis Education que se celebró en Virginia (USA) allá por 1967

[4] P. Coombs y M. Ahmed (1975). Se comenzaron a deslindar los sentidos y significaciones de lo que se entendería por educación formal, no formal e informal.

ellas. La formal y la no formal comparten el que son organizadas, metodológicas y sistemáticas, lo que las diferencia de la informal, cuyos procesos carecerían de intencionalidad alguna.

En nuestra opinión esta división tradicional del universo educativo, aunque interesante, no es totalmente acertada ya que, por ejemplo, si bien es cierto que la educación formal y no formal son intencionales y que, por el contrario, la educación no intencional entra dentro de lo informal, no lo es tanto el que toda la educación informal sea no intencional.[5]

Ese carácter no intencional, asistemático y carente de organización y método es usado por la mayoría de los autores para incluir a la familia en el marco de la educación informal. El que los padres eduquen a la vez, o entre tanto, que desarrollan otras funciones dentro del clan, siendo prácticamente imposible diferenciar cuándo le están alimentando y cuándo le están transmitiendo hábitos de alimentación, higiene, de autonomía, de comportamiento, etc., no hace que esta forma de educación "informal" carezca de intención, organización, sistematización y método.

El hecho de estar fuera de las instituciones educativas y la convencionalidad de la escuela, no le resta a la educación informal el poder formativo ni las características propias de las otras dos. Ni la familia, ni los medios de masas, la publicidad ni, tan siquiera, el mundo de la droga que nos circunda, carecen de los mencionados intención, organización, sistematización y método. Nuestros niños serán educados por los unos o por los otros. No

---

[5] Thomas J. La Belle, considera que estos tres tipos de educación no deben ser considerados como entidades o compartimentos estancos, sino como "modo predominante"

existirá el vacío en ellos. O los llenamos con unas cosas o con otras, con estos o aquellos valores, para la libertad y su realización personal o para la limitación y su dependencia. O lo hacemos nosotros o lo harán otros, no nos quepa duda.[6]

Respecto a la formación en el marco institucional, en nuestros colegios, queremos poner de manifiesto en estas páginas una historia reciente e inacabada, intentando analizar y comprender los hechos que en ella suceden y a sus principales actores. La educación en el gueto y una sucesión de documentos postales son la base, también el hilo conductor, de los diferentes razonamientos que sustentan la iniquidad social a la que alude la portada de este pequeño ensayo.

No quiero que éste se convierta en una crítica denodada al sistema, a algo ajeno a nosotros, pueblo oprimido, inocente y pagano de todos los abusos de aquel. Basta ya de ñoñerías, somos una sociedad adulta y con la suficiente libertad como para sabernos responsables de buena parte de lo que sucede a nuestro alrededor. Asumamos nuestra alícuota porción de mérito y culpabilidad en lo que hacemos y dejamos de hacer. Quienes nos gobiernan y copan las instituciones educativas no son seres extraterrestres venidos del espacio exterior, son gentes extraídas de esta misma sociedad, nuestros vecinos, nosotros mismos; con una gran variedad de valores basados en el instinto de supervivencia y de progreso a costa de lo que sea y de quien sea.

El concepto de bienestar se sustenta en lo material y el de progreso en el "todo lo posible y cuanto antes". Éstos, bienestar y progreso, no nos advierten de la voracidad de nuestra cultura, de lo limitado de los recursos, de su injusta

---

[6] Max Weber. Teoría de la acción social: La acción social es una acción humana que introduce una idea a otro ser humano.

distribución y del vertedero en que estamos convirtiendo nuestro hábitat.[7]

Algo parecido estamos haciendo con una parte significativa de nuestros niños. La injusta distribución del alumnado con determinadas características no es más que el reflejo de nuestra cultura, de quiénes somos y de lo que somos capaces de hacer o permitir que pase para que nuestros valores de supervivencia, bienestar y progreso personal no se vean alterados, ni tampoco sus logros sociales.

Para no cargar en un principio toda la tinta contra quienes nos gobiernan, quiero poner como ejemplo un pequeño botón de muestra recientemente acaecido en un colegio público de educación infantil y primaria de un pequeño pueblo de la Región de Murcia, como puede haber otros. Por una ajustada mayoría de maestros no se ha vuelto a solicitar, por tercer año consecutivo, la inclusión de ese centro en el programa de enseñanza bilingüe de esta comunidad autónoma.[8]

La especial característica de la educación pública permite a sus funcionarios adoptar tales decisiones retrógradas y anacrónicas sin más justificación, sin tan siquiera un documento que explique a los padres de aquel alumnado los motivos pedagógicos, o de cualquier otra índole, para resolver no hacer partícipes, en el siglo XXI, de una educación bilingüe a esos críos. En un intento de entender

---

[7] El país, 29/11/2009. Jigme Singye Wangchuck, cuarto rey de Bután, en su coronación del 2 de junio de 1974, desarrolla el concepto FIB (felicidad interior bruta) en contraposición al PIB, cuyo objetivo es infinito y voraz.

[8] Diario La Verdad de Murcia. 29/02/2012. Unión vecinal para exigir una educación bilingüe. http://www.laverdad.es/murcia/v/20120229/comarcas/union-vecinal-para-exigir-20120229.html

las motivaciones del profesorado me interesé por conocer especialmente las de la maestra de inglés, que debería de liderar el proyecto de llevarse a cabo. Tres fueron las que recibí de aquella funcionaria: que no se llevaba bien con la directora, ya que esta "le presiona y quiere hacer todo a su manera", la segunda fue que no sabía cuánto tiempo estaría en ese colegio y, la tercera, que formar parte del proyecto le implicaría prepararse durante el mes de julio con determinadas reuniones y formación adicional, cosa que le restaría un mes de vacaciones, a lo que no estaba dispuesta a renunciar, y menos a cambio de nada. Con estos mimbres ya me dirán ustedes el tipo de cestos que podemos hacer.[9]

Subiendo un poco el escalafón del funcionariado educativo, que no deja de ser parte de nosotros mismos, de nuestra cultura, de los que somos como sociedad, quiero hacer referencia a un anterior trabajo publicado sobre unas prácticas docentes en un CEIP del murciano barrio de Los Rosales.[10] En su prólogo aludía a los, por entonces, recientes informes de la OCDE[11] en cuanto al éxito académico de nuestros niños y adolescentes, a las preocupantes conclusiones del informe PISA que reflejaban un mal resultado de la educación en España, siendo pésimo el de la Región de Murcia.

Por aquel entonces tuve la oportunidad de formar parte, como decano de los alumnos de magisterio de la Uni-

---

[9] La opinión de Málaga, 14/04/2012. Una mala imagen pero intocables (funcionarios)
http://www.laopiniondemalaga.es/opinion/2012/04/14/mala-imagen-intocables/499677.html

[10] Llamas, J.:"Prácticas docentes. Una propuesta de trabajo", Ediciones del 4 de Agosto, Murcia, 2009

[11] Ministerio de Educación. Panorama de la educación. Indicadores de la OCDE 2009
http://www.educacion.gob.es/dctm/ministerio/horizontales/prensa/documentos/2009/informe-espanol-panorama-educacion-ocde.pdf?documentId=0901e72b8007cd90

versidad de Murcia, de la Comisión para la verificación del nuevo Grado de Educación Primaria, enmarcado dentro de lo que se llamó Proceso de Bolonia, una especie de equiparación de estudios y titulaciones a nivel europeo, que supondría una mejor movilidad de estudiantes y profesionales dentro de la Unión.

En una de las reuniones de la citada Comisión, aludí a los anteriores informes referenciados en el párrafo superior, pidiendo una reflexión sobre sus paupérrimos resultados[12] a los demás componentes de la misma, profesores todos en representación de cada uno de los departamentos de de la Facultad de Educación. Mi pretensión era que, en aquellos momentos de cambio, intentásemos analizar y cambiar el modelo de formación de nuestra Facultad. La mala calificación de nuestros alumnos de la educación obligatoria no podía ser achacada en exclusiva a una mala ley de educación, alguna responsabilidad tendríamos los docentes y, más aún si cabe, los docentes de los docentes, los profesores de la facultad de educación, lo que se enseña en esta universidad o, quizás, el cómo se hace. Me movía la intención de aprovechar aquella reestructuración para darle un nuevo enfoque, un sentido diferente y más racional a los contenidos y, sobre todo, a la metodología que se intentaba dar al nuevo Grado de Educación Primaria.

En aquellas tediosas reuniones de la comisión asistía, junto con otro alumno compañero, a la triste reordenación y reasignación de los créditos para los distintos departamen-

---

[12] Agencia EFE, 07 de diciembre de 2010. Informe PISA 2009: Los estudiantes españoles, muy mal en lectura y matemáticas y con un nivel alarmante de repetidores.
http://www.periodistadigital.com/ciencia/educacion/2010/12/07/informe-pisa-2009-estudiantes-espanoles-muy-mal-lectura-matematicas-muchos-repetidores.shtml

tos: tantos para el de matemáticas, tantos para el de lengua, tantos para las prácticas, etc.

Básicamente se intentaba rellenar el año más de universidad de los futuros maestros con unas semanas más de prácticas en los colegios y algo de más trabajo individual de éstos. Los contenidos seguirían siendo similares, para qué cambiarlos si tan buenos resultados nos vienen dando (ésto dicho con cierto tono irónico), y la metodología quedaría, a excepción de la ampliación del trabajo individual mencionado, prácticamente tal cual.

En aquel sacrosanto centro del saber se forma y se da licencia para trabajar a los y las docentes, de los niños y niñas que llenan las aulas de nuestros barrios, ¿piensan ustedes que nuestros profesores universitarios se flagelaban con las recientes noticias del informe PISA, que un arranque de dignidad profesional hizo que alguno o alguna de ellos o ellas dimitieran de sus puestos de trabajo? Pues permítanme la fugaz descortesía de dejarles con la incógnita. En este trabajo no les revelaré la respuesta, aunque sé que les devora la duda.

Lo que les propuse para aprovechar aquella coyuntura de cambio consistió, brevemente, en que aparte de informar sobre los conceptos, sobre los conocimientos necesarios para el ejercicio de la docencia, que se intentara formar al futuro maestro como tal. Implementar en parte de los nuevos créditos una adecuada formación en comunicación y liderazgo, asertividad y, sobre todo, empatía. En definitiva, conseguir egresar de las universidades a maestros formados, además de informados.

Los jóvenes titulados encuentran cada día su desafío en unas aulas repletas de verdaderos tiranos faltos de orientación, pero nadie les ha enseñado a enfrentarse a ello con éxito. Cada nuevo profesor se defiende con las habilidades que su genética y trayectoria personal le permiten desarrollar[13], sin mayor formación específica para liderar una clase, para empatizar con los críos y hacerse entender... y querer.

Con los años la mayoría de aquellos se convertirán en buenos expertos en su materia, pero antes de eso muchos habrán sido los cursos que se habrán quedado sin un buen formador, pues los alumnos sólo son, en ese trasiego de aprendizaje del maestro, unos conejillos de indias con los que el profesor experimenta, con la científica fórmula de ensayo-error[14], hasta que con los años consigue aprender a ser un buen docente.

Aquella osada propuesta, que quizá se sopesaría en la intimidad de las cátedras de la Facultad de Educación, rodó sobre la mesa de la Comisión sin pena ni gloria y, actualmente, duerme el sueño de los justos sin esperanza de ser despertada.

---

[13] Brizman (1991) usa el término "*cronologías de la formación*", para referirse a las distintas etapas o fases de formación de los maestros. La primera, la que adquirieron a lo largo de sus experiencias acumuladas en las aulas; la segunda, corresponde a las experiencias vividas como estudiantes de la carrera docente; las prácticas constituyen la tercera, y la cuarta empieza cuando el estudiante de magisterio se convierte en maestro de aula (Cf Biddle y otros, 2000)

[14] Thorndike, E. "Psicología de la educación", 1903. Propone que la forma más característica de aprendizaje, tanto de animales inferiores como en humanos, se produce por ensayo y error o por selección y conexión (conexionismo).

CONTEXTUALIZACIÓN

Dejando atrás todas la anteriores consideraciones, y lejos de querer cambiar el mundo y su sistema, querría contextualizar los hechos que son motivo de análisis en este texto. Un barrio, un colegio, la formación de unos niños.

El barrio de Los Rosales[15] pertenece a la pedanía murciana de El Palmar. Tiene una población que escasamente supera los cuatro mil habitantes, dentro de los veinte mil que componen la citada pedanía. Lo que en los años setenta del siglo pasado comenzó siendo un bonito y sencillo barrio de trabajadores se ha convertido en un gueto, social y cultural.

Poco menos de la mitad de sus habitantes queda de sus originarios pobladores. La otra parte mayoritaria está compuesta por ciudadanos inmigrantes y lo que se viene llamando minorías culturales y étnicas[16]. El país que más ha aportado a este cambio es Marruecos; Ecuador le sigue de lejos y, por el colorido fácilmente destacable, podemos agrupar a nuestros vecinos del África Subsahariana de diferentes nacionalidades, que componen un combinado muy superior al de los sudamericanos.

---

[15] Ministerio de Fomento, 2006. Análisis urbanístico de barrios vulnerables.
http://siu.vivienda.es/infoWeb/barrios/Informes/2006_30030_Murcia.pdf
http://siu.vivienda.es/infoWeb/barrios/enlaces/20110610_INFORME_GENERAL_ADENDA_2006.pdf

[16] Ministerio de trabajo y asuntos sociales. "Investigación sobre la eficacia del sistema de protección social respecto a los objetivos de equidad, igualdad de género y disminución de la pobreza en barrios marginales",2005.
http://www.seg-social.es/prdi00/groups/public/documents/binario/51600.pdf

El colectivo gitano también tiene una importante representación en nuestras calles. Buenos vecinos que en gran medida asisten al culto en un pequeño bajo comercial habilitado para el canto y la oración. Éstos suelen trabajar como vendedores ambulantes en los mercadillos semanales de pueblos y ciudades. Emprendedores pertinaces. Otros simplemente viven de la asistencia social en espera de tiempos mejores. Igualmente contamos en el barrio, los gitanos no iban a ser menos que los demás, con varios individuos que se dedican a la distribución y venta al pormenor, al detalle, de diferente tipología de estupefacientes.[17] Estos pocos, agrupados en familias, en clanes, son el originario problema y la procedencia de la mayor parte de los conflictos que, como una mancha de aceite, se han extendido por buena parte del suburbio. Las espectaculares redadas policiales que han decomisado grandes cantidades de heroína, cocaína y cannabis, además de armamento ligero de distinta naturaleza, no han ayudado en nada a nuestro buen nombre.

La época de bonanza económica posibilitó que buena parte de los originarios del lugar vendiesen sus viviendas a los pioneros de la que fue, hasta hace poco más de una década, incipiente inmigración. La gran afluencia de nuevos trabajadores en estos últimos años se torna hoy en la fotografía del desempleo, que no distingue entre foráneos y aborígenes, pero castiga más ferozmente a quienes carecen del auténtico salvavidas que es la familia.

Esa es la gran lacra para el presente, el desempleo.[18] Porque en el gueto no se vive mal si hay trabajo; existe un

---

[17] La Opinión de Murcia. "Desmantelan los principales puntos de venta de droga de El Palmar" 9/03/2007.
http://www.laopiniondemurcia.es/sucesos/2881/desmantelan-principales-puntos-venta-droga-palmar/53553.html

[18] Niño-Becerra, S. "Recuperación", La carta de la bolsa, 2004. "la tasa española de desempleo del factor trabajo no va a descender.

ambiente amable de vecindad, de chiquillos correteando y riendo por las calles despreocupados. Es asombrosa la capacidad de las personas para disfrutar de la vida de una forma sencilla, con la dignidad que proporciona el trabajo y cubiertas las necesidades básicas. Uno puede ser feliz con un par de euros en el bolsillo si sabe que a sus hijos no les falta nada de lo fundamental. Pero la lacra del futuro es el modo en el que la mayor parte de estos críos están escolarizados. De esto es sobre lo que pasaremos a hablar aquí.

A principios del año 2007, la Asociación de Vecinos del Barrio de Los Rosales se pone en contacto con las diferentes asociaciones y colectivos que operan en éste. Entre todos logran diseñar lo que vinieron a llamar el Plan integral de desarrollo de Los Rosales. Un documento escueto, concentrado y ambicioso que pretendía dinamizar la vida de los vecinos y mejorar su calidad de vida con diferentes propuestas de actuación social en conjunto y diversas reclamaciones más palpables a la administración local y regional, en las áreas de salud, vivienda, infraestructura, equipamiento, empleo, servicios sociales, seguridad ciudadana y educación.[19]

Con respecto a esta última área, dicho plan integral volvía a caer en el gran error de actuar sobre los problemas para mejorar la situación en vez de eliminar el problema de forma directa y tajante. No olvidemos que la mayoría de las referidas asociaciones son ONG o fundaciones que se nutren de las subvenciones o proyectos que pagan las distintas administraciones, con el objeto de intervenir sobre los colectivos en situación de riesgo de exclusión social, como

---

significativamente porque no puede hacerlo; ¿por qué?, pues porque hay una parte de la población activa española que ni es necesaria ni lo será en el futuro" http://lacartadelabolsa.com/leer/articulo/recuperacion

[19] Plan integral de desarrollo de Los Rosales. El Palmar, 2008.

es el caso de buena parte de mis queridos vecinos. No me interpreten mal, vaya por delante mi respeto y admiración a todo este tipo de organizaciones, pero podemos entender que no es muy inteligente querer acabar con la gallina de los huevos de oro.

Las quejas y las propuestas sobre la realidad escolar iban encaminadas casi en su conjunto a solicitar más personal para diferentes talleres, apoyos escolares, nuevos centros con diferentes servicios para la colectividad, etc. En ningún momento se proponía la equitativa y justa distribución en aulas y colegios del alumnado con idioma materno diferente al español. Eso, que mejoraría el presente y la realidad social de los niños, sacándolos del gueto para ir a otro cole, aprendiendo el idioma local desde la educación infantil garantizando así la calidad de su aprendizaje y la igualdad de oportunidades con respecto a sus vecinos de otros barrios y que, para mayor desconcierto, apenas costaría unos euros pero, desde luego, muchos menos que tantos maestros de apoyo y ONG.

Esta es la crónica de un diario en junio de 2007: Casi nueve de cada 10 alumnos de los colegios Los Rosales y Santa Rosa de Lima de la pedanía murciana de El Palmar son magrebíes y no hablan español. Los profesores se tienen que comunicar con los estudiantes por señas, ya que hablan entre ellos en árabe en el aula.[20]

De las 20 solicitudes de niños de tres años al colegio Los Rosales, 17 son de ascendencia magrebí, lo que «demuestra cómo se está creando un gueto en la pedanía. Los padres hispanohablantes prefieren escolarizar a sus hijos en

---

[20] 20minutos.es, "El árabe, único idioma en dos colegios de El Palmar", 1/06/2007
http://www.20minutos.es/noticia/242093/0/idioma/colegios/palmar/

los otros cuatro colegios públicos y un concertado que hay en El Palmar», según fuentes del sindicato de enseñanzas Sterm. El pasado 18 de mayo acabó el plazo de solicitud de admisión en los centros de El palmar y 80 niños se han quedado sin plaza, pero no quieren matricularse en los dos colegios del barrio Los Rosales por haber tanto alumnado inmigrante escolarizado. «En el colegio Los Rosales se han quedado sin cubrir 12 plazas en primaria, pero como obliguen a los padres a matricular a sus hijos en el centro vamos a tener problemas», según el citado sindicato. Al final, «supongo que ampliarán las aulas de los otros centros», añade.

La dirección de ambos centros y los sindicatos han pedido a la Consejería de Educación que se les incluya en un catálogo de centros de atención preferente para recibir más recursos para enseñar español a estos alumnos. «No entienden las normas y es muy complicado explicarse con los padres».

El Plan que hemos recordado también analizaba y solicitaba de la administración actuaciones en la mencionada área de seguridad ciudadana. En todos los lugares existen los problemas y la gente que los causa, nosotros también tenemos los nuestros y ya han quedado suficientemente mencionados más arriba. Personas que necesitan de una intervención educativa y de socialización a largo plazo y de otra más inmediata, para asegurar la seguridad de los vecinos, la intervención policial.[21] Traigo esto a colación porque un altercado multitudinario fue el que me hizo tomar la decisión de implicarme totalmente con mi barrio, con sus gentes. El miércoles 15 de octubre de 2008 tuvo lugar en nuestras calles una batalla campal claramente racial, étnica, con la implicación de decenas de intervinientes por ambos

[21] Foro policía. Policías y compañeros. Incidentes Barrio los Rosales http://www.foropolicia.es/foros/viewtopic.php?f=1&t=32796

bandos. Aquella fue motivada por el apuñalamiento, el día anterior, de un subsahariano por parte de dos jóvenes gitanos.[22]

Es así como comienzo a formar parte de la Asociación de Vecinos del Barrio de Los Rosales. Esto es cosa de todos. El presente libro saca a la luz los diferentes documentos y razonamientos cruzados entre diferentes actores de la administración educativa y nuestra asociación vecinal, con el objetivo de conseguir un futuro mejor para nuestros párvulos vecinos, para toda la sociedad en su conjunto.

[22] La Verdad tv.es, "Los Rosales, un polvorín a punto de estallar", 23/10/ 2008. http://www.laverdad.es/videos/tus-videos/latidos-urbanos-/1009796343001-rosales-polvorin-punto-estallar.html

INMIGRACIÓN

EDUCADOS PARA EL FRACASO

I. PRIMER DOCUMENTO DE TRABAJO. AÑO 2008.

El jueves 6 de noviembre de 2008, en una reunión de la Asociación de Vecinos del Barrio de Los Rosales, en una de esas largas noches de tabaco y barrio, concluimos un primer documento para empezar a trabajar desde otra perspectiva. En este se decía:

Son claramente necesarias medidas inmediatas de seguridad y orden público pero más, si cabe, acciones a medio y largo plazo de formación, educación integración y convivencia, que nos aseguren un futuro digno, en paz y concordia. Entre estas labores están las que se pueden canalizar a través de los centros de educación, tan urgentes como necesarias.

La formación de nuestros hijos carece de la calidad que les proporcionará una igualdad efectiva de oportunidades. El buen hacer de los profesionales de la enseñanza se ve superado por la realidad en la que deben ejercer su profesión. Los Rosales será un gueto con todas sus consecuencias a medio plazo. Faltan nuevas medidas de choque que se prolonguen en el tiempo, nuevas normativas que se ajusten a la nueva realidad multicultural. Mientras no se redacten, sería de mucha ayuda cumplir las leyes que ya existen.

Creemos que es del año 91 la normativa aplicable a situaciones extremas como la de nuestros colegios, los CEIP Párraga. Santa Rosa y Los Rosales, y que es la de consideración de

- Centros de Atención Preferente.
- Centros de difícil desempeño

La primera sirve para que los interinos que valgan y lo soliciten puedan permanecer en estos centros si hay vacante, cosa que ayuda a la necesaria estabilidad y continuidad de la relación alumno-profesor.

La ratio de estos centros no podrá pasar de veinte alumnos, lo que facilita el desarrollo de la enseñanza-aprendizaje y la integración de los niños.

La segunda incentiva, con puntuación válida para futuros traslados, a los profesores que elijan estos centros, consiguiéndose la estabilidad de plantilla antes referida.

- Tenemos aulas con hasta 27 alumnos (Sta. Rosa).

- Conviven en El Palmar realidades opuestas: centros con el 95 % de alumnos con necesidades educativas específicas (CEIP Los Rosales) y otros con menos de un 10%.

- Somos capaces de crear excelentes becas universitarias que mandan a nuestros alumnos a Berlín (programa Erasmus) o Nueva York, pero no lo somos de redistribuir al alumnado de una forma que garantice una educación de calidad para todos, y que facilite la tan necesaria integración y la futura igualdad de oportunidades, que de este modo se les está negando.

Éste fue el primer documento al respecto. Sabíamos que se tenía que dar un nuevo enfoque que mirara al largo plazo, también que tendríamos que seguir abundando en lo que ya se ha hablado en multitud de ocasiones, pero sería conveniente convocar a administraciones y medios de comunicación para sanear la imagen del barrio, tan deteriorada por la persistencia de los medios en explotar los sucesos negativos. Nos lo deben.

Tras otra reunión, con más vecinos interesados en darle un cambio radical a la situación, tanto al ambiente que se respiraba en las calles como al futuro de los que transitarán por ellas, el de nuestros hijos, confeccionamos entonces un nuevo y más elaborado documento, al que titulamos: "Educación, equidad y justicia", el cual presentamos unos párrafos más abajo.

La idea era requerir un encuentro con todos los estamentos implicados en la educación y el bienestar de la sociedad, tanto a nivel de la comunidad autónoma como de nuestro ayuntamiento de Murcia. Así se hizo. Reunidos en unas dependencias municipales del ayuntamiento en El Palmar diferentes colectivos sociales que trabajan en el barrio, el alto funcionario del Ministerio de Educación para la Comunidad Autónoma de la Región de Murcia, por parte del gobierno regional vino la, a la sazón, Directora General de Centros, las concejalas de Educación y la de Bienestar Social, además de algunos otros políticos y gestores de la cosa, de cuyos cargos y nombres no me puedo acordar.

Requerido el encuentro y fijada la fecha se desarrolla el cónclave. Un diálogo entre sordos, donde más habla quien ha sido invitado a escuchar nuevas propuestas. No se solicitó el acto para escuchar lo que las autoridades están haciendo para mejorar la situación, eso ya lo sabemos y lo vivimos todos los días en el barrio. Es por ello que quisimos vernos, para aportar diferentes enfoques a los diferentes problemas, los urgentes de seguridad ciudadana, de limpieza, de reutilización de los espacios, etc., todos ellos recogidos en el Plan Integral del Barrio de Los Rosales. A éstos queríamos aportar un proyecto de transformación social a largo plazo, un verdadero cambio en la manera de enfocar la escolarización, la educación de nuestros pequeños vecinos. La que sigue fue la propuesta que se comentó y que se entregó a la citada Directora General, representante de la Consejería de Educación de la Región de Murcia que acudió al acto.

EDUCACIÓN, EQUIDAD Y JUSTICIA

Hipótesis (Proposición no demostrada que se admite para orientar las investigaciones):

En las aulas, un elevado índice de concentración de alumnos con necesidades educativas específicas, concretamente de incorporación tardía al sistema educativo, repercute negativamente en el normal desarrollo de las capacidades y potencialidades de los mismos.

De ser esto cierto, los niños y las niñas de los colegios Los Rosales y Santa Rosa de Lima, del barrio de Los Rosales de El Palmar, adquieren una formación y unos conocimientos por debajo de la media. Eso se reflejará en abandonos por encima de la media, notas en la ESO por debajo de la media e ingresos en la universidad por debajo de la media.

Posibles causas:

Casi la práctica totalidad de los alumnos del colegio Los Rosales son hijos de inmigrantes, en su gran mayoría procedentes del Magreb, lo que imposibilita la necesaria inmersión lingüística para el adecuado desarrollo del proceso de enseñanza-aprendizaje.

La elevada concentración de alumnos de estas características en cada aula, y en el colegio en general, imposibilita, de *facto,* la necesaria interactuación de los alumnos entre sí en la misma lengua en que el profesor intenta formarles.

El elevado número de alumnos con un bajo dominio del idioma español hace que cada clase sea, en su práctica, una permanente clase de apoyo, y que las necesarias adaptaciones curriculares sean tantas como alumnos en cada aula. Esto ralentiza la enseñanza por parte del profesor y el aprendizaje tanto de los alumnos con las citadas necesidades como de los que no las tienen. Las potencialidades de todos y cada uno de los alumnos y alumnas de estos colegios se perderán en el camino sin haberse desarrollado.

Otras consecuencias:

Los colegios del barrio de Los Rosales forman parte de la *Maquinaria del Gueto.* Son una herramienta necesaria para el fortalecimiento y consolidación del mismo. Marcan a los niños y niñas de por vida.

La finalidad de la escuela democrática de ser compensadora de desigualdades sociales, lejos de prevalecer, es relegada por la falta de una actitud comprometida. El fraude que esto supone para los niños es ignorado por sus propios padres, que desconocen el alcance del daño del retraso en la adquisición, a tiempo adecuado, de la lengua vehicular de enseñanza. Hijos de pobres, en un colegio de pobres, en un barrio de pobres; éste parece ser el destino. Los hijos de nativos tienen alguna esperanza que, aunque lastrada para siempre por un aprendizaje mermado, sigue siendo una esperanza. Los hijos de inmigrantes de lengua no española engendrarán hijos de pobres, en un barrio de pobres, que asistirán a un colegio de pobres, con compañeros que no dominarán el español, al menos a un nivel deseable a sus edades. La *Maquinaria del Gueto* habrá garantizado, al menos durante tres generaciones, su propia existencia.

Un país no puede permitirse desperdiciar así su potencial humano. Los humanos de un país no pueden permitirse desperdiciarse entre sí. Existe una nueva realidad que ya no es tan uniforme, y nos hemos de acostumbrar a ella, a sus diferentes colores y acentos. Ganaremos todos, pero sobre todo ganarán nuestros hijos e hijas.

Propuesta:

Estudio de los niveles de formación alcanzados por los alumnos que cursaron Infantil y Primaria en los colegios Los Rosales y Sta. Rosa de Lima. Para ello se trabajará con la relación de los mismos, haciendo un seguimiento de su progreso en la ESO hasta la universidad. Hacer la pertinente comparativa con las estadísticas disponibles en la CARM o en el ámbito nacional.

Actuación consecuente:

Si, como presumimos, la comparativa es lacerante, proponemos:

- Relacionar a los alumnos cuyos padres están dispuestos a ubicarles en otros colegios.
- Los padres de estos alumnos deberán comprometerse a colaborar activamente con los profesores y el resto de la comunidad educativa. Deberán de ser conscientes de la importancia y la trascendencia de este esfuerzo, de este proyecto.
- Conocer la ratio de alumnos con necesidades educativas específicas de las características que nos ocupan en los colegios cercanos.
- Determinar qué cantidad de alumnos con las necesidades mencionadas es deseable o permisible, como máximo, por aula. El radio de los colegios implicados se irá incrementando hasta conseguir la homogeneidad.
- Decisión de la redistribución.

- Información y concienciación de la comunidad educativa implicada en la nueva situación, para que se involucre en el proyecto.
- Apoyar, si fuese necesario, con transporte escolar, la redistribución.
- Año tras año se seguirá la evolución de estos alumnos hasta la finalización de su formación académica.
- Informe final en sus ámbitos académico y social.

Consideraciones finales y referencias a la Ley:

Conocemos de los esfuerzos de la Administración en estos colegios, pero también afirmamos que, por las especiales características de los mismos, no son suficientes ni adecuados. Conocemos igualmente de la gran profesionalidad y del esfuerzo personal de los maestros y maestras que desempeñan aquí su labor, pero las capacidades individuales de cada uno de ellos, y a pesar de las administraciones, sólo llegan hasta lo humanamente posible.

Damos fe de la voluntad de integración de nuestros vecinos inmigrantes, de ellos y de sus hijos ya españoles, pero aglutinarlos en, prácticamente, estos dos colegios no les ayuda, no beneficia, en definitiva, a la sociedad. Hacer un esfuerzo mayor en la distribución equitativa de los alumnos con idioma materno diferente al Español, con una cultura paterna distinta, será no sólo ya una actuación de necesaria y urgente justicia, sino de calor, de voluntad recíproca de acogimiento verdadero. Hacer nuestros de verdad a los nuevos españoles, hacer que se sientan como lo que también son es una de nuestras primeras obligaciones; no poner todos los medios a nuestro alcance para conseguirlo es hacer dejación de ellas. Evitar la discriminación y fomentar la convivencia democrática es tarea de todos, también de las administraciones. La necesaria cohesión social, de no actuar desde la educación, desde la temprana formación de la personalidad, estará cada vez más lejos.

Unos años atrás hubiesen sido convenientes y necesarias para estos colegios las calificaciones de Centros de Atención Preferente y de Centros de Difícil Desempeño. Hoy, aunque algo ayudarían, se quedan a todas luces cortas, superadas por la nueva realidad.

Referencias a la Ley:

La Ley Orgánica de Educación (LOE), vigente en la actualidad, reconoce en su Preámbulo *la necesidad de combinar calidad con equidad en la oferta educativa,* de la necesidad de llevar a cabo una escolarización equitativa del alumnado.

En el Título Preliminar, en el Capítulo I:

Artículo 1. Principios.

a) La calidad de la educación para todo el alumnado, independientemente de sus condiciones y circunstancias.

b) La equidad, que garantice la igualdad de oportunidades, la inclusión educativa y la no-discriminación y actúe como elemento compensador de las desigualdades personales, culturales, económicas y sociales...

TÍTULO II: EQUIDAD EN LA EDUCACÓN

CAPÍTULO II: Compensación de las desigualdades en educación

Artículo 80. Principios.

1. Con el fin de hacer efectivo el principio de igualdad en el ejercicio del derecho a la educación, las Administraciones públicas desarrollarán acciones de carácter compensatorio en relación con las personas, grupos y ámbitos territoriales que se encuentren en situaciones desfavorables y proveerán los recursos económicos y los apoyos precisos para ello.

2. Las políticas de educación compensatoria reforzarán la acción del sistema educativo de forma que se eviten desigualdades derivadas de factores sociales, económicos, culturales, geográficos, étnicos o de otra índole.

Artículo 81. Escolarización.

1. Corresponde a las Administraciones educativas asegurar una actuación preventiva y compensatoria garantizando las condiciones más favorables para la escolarización, durante la etapa de educación infantil, de todos los niños cuyas condiciones personales supongan una desigualdad inicial para acceder a la educación básica y para progresar en los niveles posteriores.

2. Corresponde a las Administraciones educativas adoptar medidas singulares en aquellos centros escolares o zonas geográficas en las cuales resulte necesaria una intervención educativa compensatoria.

CAPÍTULO III: Escolarización en centros públicos y concertados

Artículo 84. Admisión de alumnos.

1. Las Administraciones educativas regularán la admisión de alumnos en centros públicos y privados concertados de tal forma que garantice el derecho a la educación, el acceso en condiciones de igualdad y la libertad de elección de centro por padres o tutores. En todo caso, se atenderá a una adecuada y equilibrada distribución entre los centros escolares de los alumnos con necesidad específica de apoyo educativo.

Artículo 86. Igualdad en la aplicación de las normas de admisión

2. Sin perjuicio de las competencias que le son propias, las Administraciones educativas podrán constituir comisiones u órganos de garantías de admisión, que deberán en todo caso, constituirse cuando la demanda de plazas en algún centro educativo del ámbito de actuación de la comisión supere la oferta. Estas comisiones recibirán de los centros toda la información y documentación precisa para el ejercicio de estas funciones.

Dichas comisiones supervisarán el proceso de admisión de alumnos, el cumplimiento de las normas que lo regulan y propondrán a las Administraciones educativas las medidas que estimen adecuadas. Estas comisiones u órganos estarán integrados por representantes de la administración educativa, de la Administración local, de los padres, de los profesores y de los centros públicos y privados concertados.

Artículo 87. Equilibrio en la admisión de alumnos.

1. Con el fin de asegurar la calidad educativa para todos, la cohesión social y la igualdad de oportunidades, las Administraciones garantizarán una adecuada y equilibrada escolarización del alumnado con necesidad específica de apoyo educativo. Para ello, establecerán la proporción de alumnos de estas características que deban ser escolarizados en cada uno de los centros públicos y privados concertados y garantizarán los recursos personales y económicos necesarios a los centros para ofrecer dicho apoyo.

2. Para facilitar la escolarización y garantizar el derecho a la educación del alumnado con necesidad específica de apoyo educativo, las Administraciones educativas podrán reservarle, hasta el final del período de preinscripción y matrícula, una parte de las plazas de los centros públicos y privados concertados.

Asimismo, podrán autorizar un incremento de hasta un diez por ciento del número máximo de alumnos por aula en los centros públicos y privados concertados de una misma área de escolarización para atender necesidades inmediatas de escolarización del alumnado de incorporación tardía.

TÍTULO IV: Centros docentes

CAPÍTULO I: Principios generales

Artículo 109. Programación de la red de centros.

2. Las Administraciones educativas programarán la oferta educativa de las enseñanzas que en esta Ley se declaran gratuitas teniendo en cuenta la oferta existente de centros públicos y privados concertados y, como garantía

de la calidad de la enseñanza, una adecuada y equilibrada escolarización de los alumnos con necesidad específica de apoyo educativo. Asimismo, las Administraciones educativas garantizarán la existencia de plazas públicas suficientes especialmente en las zonas de nueva población.

TÍTULO VI: Evaluación del sistema educativo

Artículo 140. Finalidad de la evaluación.

a) Contribuir a mejorar la calidad y la equidad de la educación.

b) Orientar las políticas educativas.

c) Aumentar la transparencia y eficacia del sistema educativo.

d) Ofrecer información sobre el grado de cumplimiento de los objetivos de mejora establecidos por las Administraciones educativas.

e) Proporcionar información sobre el grado de consecución de los objetivos educativos españoles y europeos, así como del cumplimiento de los compromisos educativos contraídos en relación con la demanda de la sociedad española y las metas fijadas en el contexto de la Unión Europea.

Artículo 141. Ámbito de la evaluación.

La evaluación se extenderá a todos los ámbitos educativos regulados en esta Ley y se aplicará sobre los procesos de aprendizaje y resultados de los alumnos, la actividad del profesorado, los procesos educativos, la función directiva, el funcionamiento de los centros docentes, la inspección y las propias Administraciones educativas.

Artículo 142. Organismos responsables de la evaluación.

1. Realizarán la evaluación del sistema educativo el Instituto Nacional de Evaluación y Calidad del Sistema Educativo, que pasa a denominarse Instituto de Evaluación, y los organismos correspondientes de las Administraciones educativas que éstas determinen, que evaluarán el sistema educativo en el ámbito de sus competencias.

Artículo 145. Evaluación de los centros.

1. Podrán las Administraciones educativas, en el marco de sus competencias, elaborar y realizar planes de evaluación de los centros educativos, que tendrán en cuenta las situaciones socioeconómicas y culturales de las familias y alumnos que acogen, el entorno del propio centro y los recursos de que dispone.

2. Asimismo, las Administraciones educativas apoyarán y facilitarán la autoevaluación de los centros educativos.

DISPOSICIÓN ADICIONAL VIGESIMOTERCERA: Datos personales de los alumnos.

1. Los centros docentes podrán recabar los datos personales de su alumnado que sean necesarios para el ejercicio de su función educativa. Dichos datos podrán hacer referencia al origen y ambiente familiar y social, a características o condiciones personales, al desarrollo y resultados de su escolarización, así como a aquellas otras circunstancias cuyo conocimiento sea necesario para la educación y orientación de los alumnos.

2. Los padres o tutores y los propios alumnos deberán colaborar en la obtención de la información a la que hace referencia este artículo. La incorporación de un alumno a un centro docente supondrá el consentimiento para el tratamiento de sus datos y, en su caso, la cesión de datos procedentes del centro en el que hubiera estado escolarizado con anterioridad, en los términos establecidos en la legislación sobre protección de datos. En todo caso, la información a la que se refiere este apartado será la estrictamente necesaria para la función docente y orientadora, no pudiendo tratarse con fines diferentes del educativo sin consentimiento expreso.

3. En el tratamiento de los datos del alumnado se aplicarán normas técnicas y organizativas que garanticen su seguridad y confidencialidad. El profesorado y el resto del personal que, en el ejercicio de sus funciones, acceda a datos personales y familiares o que afecten al honor e intimidad de los menores o sus familias, quedará sujeto al deber de sigilo.

DISPOSICIÓN ADICIONAL VIGESIMOQUINTA:

Fomento de la igualdad efectiva entre hombres y mujeres.

Con el fin de favorecer la igualdad de derechos y oportunidades y fomentar la igualdad efectiva entre hombres y mujeres, los centros que desarrollen el principio de coeducación en todas las etapas educativas, serán objeto de atención preferente y prioritaria en la aplicación de las previsiones recogidas en la presente ley, sin perjuicio de lo dispuesto en los convenios internacionales suscritos por España.

LA ADMINISTRACIÓN CENTRAL

Bueno, hasta aquí el documento referido. El encuentro se formalizó y fruto de ello fueron una tristeza e impotencia sobrevenidas en algunos de nosotros. Fue una de esas reuniones largas e improductivas que nos rodean y nos toca vivir. No es el objetivo de esta publicación entrar en tediosos detalles del desarrollo de aquella que, si bien serían aclaratorios para conocer el tipo de gestores, políticos y políticas (tómese esta última palabra en sus dos acepciones) que a menudo sufrimos, no aportarían nada a la reflexión sobre la propuesta que nos ocupa. Si bien es así, no querría omitir el correo electrónico que le remitimos al alto funcionario en materia educativa de la administración central, destinado en aquel momento en esta comunidad autónoma. Es como sigue.

Hola Juan Antonio:

Recordarás que tomamos nota de tu mail para remitirte la documentación que le entregamos a la Directora General de Centros o, quizá, de Ordenación Académica (no recuerdo bien la denominación del cargo).

Una de las conclusiones que desde al Asociación de Vecinos sacamos de la reunión es que, si fuera cierta la hipótesis que la psicología evolutiva, la didáctica, las ciencias psicopedagógicas en general, la letra y el espíritu de la LOE y algunos mortales desheredados como nosotros mantenemos y que intentamos explicar anteanoche, si fuera cierta y cupiese la posibilidad de tomar alguna medida, ésta sería inviable pues tropezaría con el desconocimiento, por parte de la Directora, de las ciencias aludidas y de la legislación que, por su cargo, debería de conocer mínimamente.

Es una gran sensación de impotencia la que nos produce oír decir, a quienes tienen las competencias, que se está haciendo todo lo posible, que no se puede hacer nada más.

Créete que ninguno de los colegios del barrio tienen, por lo menos hasta el mes pasado, la calificación que la legislación autonómica prevé en casos como estos, de Centros de Atención Preferente y Centros de Difícil Desempeño. Dos estatus que ayudarían a paliar algo las necesidades perentorias y de corto plazo. De las autoridades allí presentes unas desconocían el hecho, otras ni tan siquiera, hasta antenoche, habían oído hablar de la existencia de las citadas calificaciones.

La Directora, por su inadecuada formación para el cargo que desempeña, tiró rápidamente de populismo demagógico e insinuó que nuestra postura era xenófoba. El talante dialogante y respetuoso de mis compañeros de la Asociación de Vecinos impidió el fácil desahogo de ponerlas en evidencia a ella, a su ignorancia y a su incompetencia manifiesta para el cargo que desempeña.

Si la "competente" para tomar cartas en el asunto ya sabe que todo lo posible está hecho y, en vez de guardar un poco de respetuoso silencio para escuchar hasta el final propuestas alternativas, habla y habla escuchándose sólo a sí misma, mal camino hemos emprendido.

No estamos diciendo nada extraño ni nuevo, pues lo que planteamos está previsto y legislado. Sólo pedimos que se aplique la ley. Pero necesitamos que quien tiene que aplicarla, por lo menos, se la haya leído, la conozca y finalmente la ponga en práctica. Si un gestor político una vez conocida la ley que rige su trabajo, no la comparte, debe dimitir y dejar paso.

Antes de romper la baraja nos queda un último cartucho, el Presidente de la Comunidad Murciana. Conocemos los cauces establecidos y será difícil llegar a él mientras esté esta directora.

Tú, Juan Antonio, conoces la legislación al respecto y, lo más importante, la entiendes y compartes su espíritu. Te pedimos, en nombre de mis párvulos vecinos, de su futuro, que nos eches una mano.

Un afectuoso saludo. Enero 2009

La que sigue es su respuesta vía mail.

Estimado José:

En relación con el correo que me remitiste el pasado 7 del presente mes, quiero manifestarte lo que ya expresé en la reunión que mantuvimos representantes municipales, de la Consejería, de los vecinos y de esta Delegación, en cuanto a la atribución de las competencias en materia educativa. Como sabes, de forma exclusiva, las competencias educativas están en la Comunidad Autónoma, que las recibió mediante el Real Decreto 938/1999, de 4 de junio (B.O.E. del 30).

Sin perjuicio de lo anterior, y como ya expresé entonces, si por parte del colectivo de vecinos o del Ayuntamiento se requiriera de esta Área algún tipo de asesoramiento o información en materia educativa, estamos a disposición de quien así lo demande.

Entrando un poco más en el contenido de tu correo, existen dos tipologías especiales de centros para diferenciarlos de los "ordinarios". Como tu indicas, existen zonas de atención educativa preferente creadas por la Consejería por considerar que los centros situados en ellas requieren de actuaciones diferenciadas por las circunstancias que concurren en las mismas (escolarización de alumnado con dificultades, condiciones socioeconómicas degradadas, acogida de inmigrantes, etc.). Los centros situados en dichas zonas son los que reciben los recursos o la atención diferenciada para intentar paliar o resolver las deficiencias que se han detectado en la zona. Su discurrir ha sido un poco como el del Guadiana, aparecen y desaparecen sin que se sepa bien la razón.

Por otra parte, existen puestos de trabajo que se han catalogado como de difícil desempeño, por estar situados en centros que por las condiciones en las que llevan a cabo su tarea, merecen tal denominación (situación geográfica rural aislada, escolarización en aulas multinivel, atención a alumnado de condiciones socioeconómicas degradadas, etc.).

Estos puestos son establecidos por la Consejería tras una negociación con los sindicatos, ya que la permanencia en los mismos otorga méritos (puntos) en los concursos para cubrir otros puestos (traslados, selección de directores, etc.) y esa es casi la razón de su existencia. Es decir, aún atendiendo al alumnado citado y suponiendo un sobre-esfuerzo del docente, la clasificación de estos puestos como tales reside más en el interés de los que los desempeñan para que se les considere como mérito en posteriores concursos de acceso a otros puestos. Es más un reconocimiento al docente que otra cosa.

Para el problema que nos atañe en relación con el barrio de Los Rosales, a fin de paliar las deficiencias educativas del barrio, desde el año 2005, el entonces Ministerio de Educación y Ciencia (hoy de Educación, Política Social y Deporte), suscribió convenios con las Comunidades Autónomas para atender a alumnado en situación de desventaja educativa asociada al entorno sociocultural (también llamado Plan PROA, por sus siglas de Programas de Refuerzo, Orientación y Apoyo). En virtud de dicho convenio, ambas administraciones financian, al 50% cada una, las actuaciones contenidas en el mismo.

En el curso escolar 2005-2006, dado que el convenio se firmó en diciembre, se aplicó sólo a 12 centros de Educación Primaria y 12 centros de Educación Secundaria, de los cuales 6 estaban situados en zonas de actuación educativa preferente. Ninguno de estos 24 centros estaba situado en El Palmar.

En el curso escolar 2006-2007, el PROA se aplicó en 24 centros de Educación Primaria (uno de ellos el CEIP Los Rosales, que continua con el Programa desde entonces) y en 22 centros de Educación Secundaria (ninguno de los dos de El Palmar). Deja de hablarse de las zonas de actuación educativa preferente.

En el curso escolar 2008-2009 se incorporó por primera vez a este Programa el I.E.S. "Marqués de los Vélez", de El Palmar.

Las referencias normativas que recogen los centros participantes en el Programa son las siguientes.

Curso escolar 2005-2006: Orden de 24 de noviembre de 2005 de la Consejería de Educación y Cultura (BORM de 9 de diciembre)

Curso escolar 2006-2007: Orden de 25 de julio de 2006, de la Consejería de Educación y Cultura (BORM de 10 de agosto), modificada por la Orden de 19 de octubre de 2006, de la misma Consejería (BORM de 2 de noviembre)

Curso escolar 2007-2008: Orden de 23 de julio de 2007, de la Consejería de Educación, Ciencia e Investigación (BORM de 20 de agosto), modificada por la Orden de 24 de octubre de 2007, de la misma Consejería (BORM de 18 de noviembre).

Curso escolar 2008-2009: Orden de 17 de julio de 2008, de la Consejería de Educación, Ciencia e Investigación (BORM de 12 de agosto).

Espero te sirva para tu información

Un saludo

EL DIRECTOR DEL ÁREA
Juan Antonio Gómez Marín

La amabilidad y la voluntad informativa se agradecen, aunque nuestra realidad ya la conocíamos. Visto lo visto no nos dio por abrir el cava y lanzar unos cohetes de colores. Tanto nuestros representantes municipales, autonómicos como estatales, unos con más conocimiento y respeto que otros, nos recetaban aquella vieja fórmula de la botica popular del ajo y agua.

En un intento desesperado, quemando así nuestro último cartucho, acudimos en queja al Defensor del Pueblo, con la esperanza de que a través de esta institución nuestras palabras tuviesen mejor acogida.

II. AL DEFENSOR DEL PUEBLO. AÑO 2009.

Estimado señor:

Como podrá observar en el documento adjunto (el referido en las págs. 29-39 de este libro), se está cometiendo un fraude continuado con el modo en que se permite escolarizar a los niños en centros con una ratio *de alumnos con necesidades educativas específicas* superiores al 90%.

La administración aduce que los padres, en el uso de su libertad, llevan a sus hijos a donde les es más cómodo, más cercano. Ciertamente es más cómodo para los padres y para la administración. Los primeros puede que actúen por desconocimiento del mal que, para toda la vida, están causando a sus hijos; los segundos por desconocimiento de la psicología evolutiva, de la pedagogía y demás ciencias relacionadas con la formación y la educación, de la ley (LOE), de la idea de cohesión social, de educación de calidad en igualdad de oportunidades, de integración y, en definitiva, de justicia.

En los dos colegios del barrio murciano de Los Rosales, al igual que ocurre en otros muchos de España, se están incumpliendo la letra y el espíritu de la Ley Orgánica 2/2006 de 3 de Mayo de Educación (LOE) en lo que a equidad en la distribución de alumnos con necesidades educativas específicas se refiere y, por consiguiente, a calidad de educación para todos ellos y la optimización de sus potencialidades.

En espera de su contestación y agradeciendo a atención prestada, reciba un cordial y afectuoso saludo.

Murcia, a 9 de febrero de 2009

EDUCACIÓN PARA UNA SOCIEDAD DE INDIVIDUOS LIBRES

Es cierta la escusa a la que aluden los políticos de las administraciones local y autonómica: los padres de los niños con más dificultades para el aprendizaje, en su mayoría del colectivo marroquí, prefieren que sus hijos estén escolarizados en los colegios del barrio. Así se evitan problemas étnicos y culturales, de esta manera evitan el riesgo de que sus hijos y, en esto remarcan el acento, sobre todo sus hijas pierdan los rasgos culturales propios como su religión, costumbres, respeto al la familia, etc. Se garantizan de ese modo una poco deseable asimilación cultural por parte de la población de acogida.

Lo de "dificultades para el aprendizaje" es un concepto muy socorrido en el campo de la educación. Vale lo mismo para un roto que para un descosido. En este caso hablamos de niños y niñas completamente normales, con sus capacidades y potencialidades en perfecto estado, listas para ser colmadas o exprimidas una y cien veces al día. El único e inmenso problema al que se enfrentan no es para nada intrínseco, éste parte de un entorno poco o nada favorable; nos referimos al hecho de que, aún habiendo nacido en este país, el problema de la lengua es un muro muy alto que no pueden sortear, habiendo de enfrentarse a él desde lo más tierno de su infancia.

Lo que en otras circunstancias sería un hecho deseable, el crecimiento en un entorno multicultural, plurilingüe, en este barrio se torna en una marca a fuego que les determinará para el resto de su vida. Hablamos de que los pequeños nacen y juegan en un entorno plenamente marroquí, donde el árabe es su única lengua hasta que llegan al colegio.

Es allí donde empiezan a oír el idioma español a una persona mayor, su maestra, que intentará captar la atención de estos menudos en una lengua para ellos hasta entonces desconocida. La maestra les habla, explica, juega en idioma nativo pero ellos interactúan entre sí en el único que conocen, en el de sus padres y amigos.

No se da una proporción de alumnos deseable para que el juego entre ellos les permita que comprendan, con la celeridad adecuada, el habla en el que más adelante les explicarán los conceptos científicos, adaptados a la edad que les debería corresponder. La psicología evolutiva y del aprendizaje nos aconsejarán una cosa, pero ellos carecerán de la herramienta que permite la comunicación, la aprehensión de conceptos, el poder participar de la enseñanza-aprendizaje.

Podríamos pasar la carga de la carencia de aquella herramienta no a los pequeños sino al docente, al sistema educativo, pero eso sería enzarzarnos en una discusión de índole bizantina que nos distraería del objetivo práctico pretendido con estas líneas. La proporción ya no es que sea más o menos deseable, es que es en algunas aulas totalmente inexistente, pues la lengua materna del cien por cien del alumnado es el árabe. Sólo en unas pocas agrupaciones discentes, en los cursos superiores, existe algún niño de etnia gitana que se mantiene en aquel colegio por algún extraño motivo.

Verdaderamente la actual distribución (colegios de concentración del alumnado por etnias) es una situación que a todos los adultos complace: los padres marroquíes se aseguran la continuidad de su cultura, la no injerencia por parte de la población de acogida, los padres de los nativos evitan que un adecuado repartimiento suponga algún crío más con problemas para el aprendizaje, para entender a su maestro y poco más, en el aula de sus hijos y los políticos sostienen que si ese es el deseo de todos pues que aquí paz y después gloria. Si la cosa funciona no intentes arreglarla, parecen querer decirnos.

Ciertamente es el pensamiento cortoplacista lo que embarga a progenitores y administración. Los padres españoles saben que cuatro o cinco niños de padres extranjeros, con un conocimiento limitado de la lengua de trabajo, la de sus hijos y del profesor, exigirá que este último les tenga que dedicar un tiempo extra a aquellos, lo que irá en detrimento del que de sus queridos descendientes necesitan. ¿Por qué iban ellos a reivindicar una mezcolanza en las aulas que, en su opinión, a nadie beneficia?

Las nuevas generaciones pasan de este modo a ser educadas en departamentos estancos a las edades cruciales del aprendizaje social, del conocimiento de uno mismo y de la realidad que les rodea, del otro. Estamos educando a la sociedad *pluricultural* del futuro, de hoy mismo, en contenedores *monoculturales* diferentes, clasificados y aislados. No hay que hacer grandes esfuerzos imaginativos para saber lo que pasará en unos pocos años, cuando los niños de mi barrio pasen por una adolescencia marcada por el fracaso escolar y conozcan su juventud como colectivo diferenciado y poco preparado para el mundo laboral.

Los inmigrantes que nos han visitado para quedarse son en su inmensa mayoría gente humilde en su trato pero muy orgullosa de sí mismos, de su cultura, de lo que son pese a las endiabladas circunstancias que les han hecho abandonar su casa, su tierra, para buscar un futuro más digno para ellos y para sus familias. Son gente luchadora y muy respetuosa, que se ha criado en ambientes duros, con demasiadas carencias, a veces paupérrimos. Otros simplemente partían de una situación sencilla y veían en su traslado una oportunidad de mejora, de progreso.

Sus hijos se están criando en una situación muy diferente a la de ellos, en un ambiente extraño, anómalo. Un país europeo, rico, prometedor a espuertas. En un barrio monocromático, estanco, impermeable, pobre en recursos y experiencias, pero con unas ventanas a las que asomarse y poder ver, casi tocas con los dedos de sus párvulas manos, un mundo de bienestar al que creen pertenecer. La televisión que nos emborracha de lujos y falsas realidades, el autobús que nos lleva a la ciudad y a los centros comerciales, etc.

Esos jóvenes habrán crecido en un mar de contradicciones, escuchando cuáles son sus derechos y viviendo sus limitaciones y carencias reales. Han visto con normalidad que sus padres y los de sus amigos trabajen en el campo y en la construcción como única fuente de ingresos, pero se empezarán a preguntar porqué a ellos su preparación no les permite otras posibilidades, porqué el futuro no les aguarda nada mejor. No entenderán el concepto de movilidad social pero lo vivirán en sus propias carnes. Verán cómo sus compañeros nativos, con quienes compartieron una Educación Secundaria que ellos abandonaron precipitadamente, van a la universidad, se preparan para otro tipo de vida que ellos conocen por la televisión, mientras a ellos les aguarda, en el mejor de los casos, el duro futuro de sus padres. Y se sentirán, o serán, extraños en el mismo país que les ha visto nacer.

En una edad tan sensible a la publicidad y con las ventanas abiertas al hedonismo, querrán tener lo que sus coetáneos de otros barrios tienen, lo desearán como aquellos pero sus padres no podrán comprárselo ni, lo que es peor, les podrán prometer que ellos podrán trabajar para ganárselo. La falta de preparación les coartará unas justas expectativas laborales y ellos lo sabrán y, posiblemente, algunos se enfadarán. Serán jóvenes criados en un país rico y *multi-todo* pero en un ambiente pobre, básico y aislado. Conocedores hasta la saciedad de sus derechos pero entendidos hasta el empacho de sus carencias. Les enfadará, sobre todo, la desigualdad. Algunos, entonces, se mirarán la piel y sacarán conclusiones erróneas. Querrán lo que todos e intentarán conseguirlo, por cualquier medio a su alcance. Entonces los indígenas españoles les llenaremos de calificativos y les aplicaremos las leyes que, ahora sí, serán de obligado cumplimiento.

Nuestra conclusión es que actualmente estamos trabajando denodadamente para fabricarles a estos niños un futuro diferenciado al de los demás, más duro, incluso hostil. Todo esto que hacemos ahora nos garantizará, a nosotros y a nuestros hijos, una sociedad claramente dividida por la procedencia de los padres y del barrio. En muchas ciudades de España estamos produciendo corredores humanos intransitables para la paz. Las revueltas que se originarán no nos pillarán de novicios, ya tenemos antecedentes en lugares como, sin ir más lejos, Francia, donde su política cultural y de integración supera con creces a la nuestra.

No nos extenderemos en este libro hablando demasiado de coeducación. La caradura con la que evitamos entrar en los derechos de la mujer amparándonos en nuestro exquisito respeto a las "demás culturas", nuestra tolerancia cultural, nuestro respeto al diferente, hacen de la hipocresía y la cobardía un referente de nuestra propia identidad. Nosotros encantados de habernos conocido, de nuestra exquisitez de trato, y mi amigo *Brahim* tranquilo porque con esta separación evita que un día de estos su hija aparezca por su puerta de casa luciendo orgullosa un brillante y metálico *piercing* en el ombligo. El respeto al varón queda de este modo al amparo de vientos europeos, que están bien para sus amigos españoles si eso les hace felices, pero que no quieren para sí mismos ni para sus hijas, encargadas en última instancia y al calor del hogar de la transmisión de las debidas obediencias, tradiciones y cultura.

La violencia doméstica y sexista en estos ámbitos no es muy conocida por nosotros, ya que no alcanza parámetros que la hagan titular de informativos de televisión. Realmente no se da con la frecuencia ni crudeza que en otras culturas que cohabitan en nuestro solar patrio, sobre todo la nuestra propia. No es necesario reconducir por parte del varón ninguna conducta, ya que la rigurosa aceptación del respeto, de la sumisión, se ha venido mamando desde la infancia.

El gran problema vendrá cuando las hijas de nuestros vecinos magrebíes, nacidas ellas a este lado del Estrecho de Gibraltar, sabedoras todas de otros derechos, de otra cultura que les permitiría otras libertades, otro desarrollo más acorde con su naturaleza autónoma, ese problema, retomo, vendrá cuando quieran manifestarse como personas libres que son y se tropiecen con la mano de unos novios, de unos esposos amantes de su originaria concepción de la pareja, de las funciones que cada cual tiene asignado en ella. Entonces sí acudirán los medios de comunicación a dar fe de los acontecimientos, los políticos les aplicarán, ahora otra vez también, las leyes de obligado cumplimiento para todos y los padres, para ese momento ya tendremos una edad, nos sentiremos orgullosos de no haber permitido, con nuestra pasividad en su momento, que se educase a nuestros hijos en las mismas aulas que los de otras culturas que, a la vista estará, son tan diferentes a la nuestra.

SOLICITANDO AYUDA SIN PUDOR ALGUNO

Ese mismo mes de febrero de 2009 dirigimos a la atención del Presiente de esta Comunidad Autónoma, Sr. Valcárcel, y le dimos entrada en el registro de la Comunidad Autónoma de la Región de Murcia al documento más arriba reseñado y que titulamos Educación, Equidad y Justicia. Hasta la fecha de publicación de este libro no hemos encontrado respuesta alguna por su parte.

Pedimos ayuda por todas partes. Pusimos en conocimiento nuestra actuación a los sindicatos mayoritarios, de algo que por otra parte ellos ya conocían. Únicamente el sindicato STERM se interesó al principio remitiéndonos un correo, pero de quienes nunca más se supo. Como por aquellas fechas yo era miembro de la Comisión para la Verificación de Nuevo Grado de Educación Primaria, no dudamos en tirar de contactos y les remitimos este correo electrónico:

Estimados compañeros y profesoras:

En primer lugar os pido que disculpéis mis reiteradas inasistencias. Otras labores tan importantes requieren mi atención.

En segundo lugar recordaros el documento que os adjunté días atrás sobre la situación de excepción que sufre el alumnado de varios colegios de la pedanía murciana de el Palmar.

¿Por qué os cuento esto a vosotros? Pues porque entiendo que sois lo más granado de esta Facultad de Educación, quienes renunciáis a parte de vuestro tiempo en pos de una adecuada planificación para los futuros estudiantes, Porque formáis parte de la comunidad educativa. Porque sois parte de la formación de los docentes. Porque algunas lamentabais en pasadas reuniones de la comisión de grado la falta de participación del alumnado. Porque formáis parte de la Universidad de Murcia. Porque, según leí el pasado lunes 17 de febrero en el diario La Verdad, la UMU advierte de la relación entre el cadmio y la parasitosis de las tortugas bobas. Porque la UMU debería estudiar y advertir de la relación entre ratios del 80% de alumnos con necesidades educativas específicas y la falta de calidad educativa. Porque sois parte de la sociedad. Porque tenéis el poder de propiciar y confeccionar una estadística sobre los éxitos académicos de los alumnos del barro de Los Rosales de El Palmar. Porque sois padres y madres con conciencia. Y porque desde la Dirección General de Centros no ve anormal ni preocupante el que se condene de por vida a unos niños a no ver desarrolladas plenamente sus potencialidades.

Por cierto ¿sabemos quién osó bautizar así a esas pobres tortugas?

Un cordial saludo.

EN CONTACTO CON EL DEFENSOR.

Para desgracia de todos no obtuvimos contestación alguna de los insignes de la Facultad de Educación de la Universidad de Murcia. Entretanto recibimos confirmación de la recepción de nuestra queja por parte del Defensor del Pueblo:

En cumplimiento de lo dispuesto en el artículo 15.2 de la Ley Orgánica 3/1981, de 6 de abril, se acusa recibo de su comunicación, que hemos registrado con el número de expediente arriba indicado, al que debe hacer referencia si se dirige de nuevo a esta institución.

Le informo que se ha iniciado el estudio del asunto que se ha sometido a nuestra consideración y se le mantendrá puntualmente informado de toda la tramitación relativa al mismo.

En todo caso, le indico que la presentación de un escrito en el Defensor del Pueblo no suspende la ejecución de las resoluciones administrativas o judiciales, ni tampoco interrumpe los plazos legales para recurrir contra ellas si fuera procedente.

Cordialmente

Enrique Múgica Herzog

Poco más tarde, el 16 de abril, obtuvimos una primera respuesta de actuación del Defensor del Pueblo.

Ésta iba firmada por el Adjunto Segundo del Defensor del Pueblo, a la sazón D. Manuel Ángel Aguilar Belda, que es la que sigue:

Estimado Sr. :

Es de referencia su escrito de 9 de febrero último que, como usted sabe, figura inscrito en el registro de esta institución arriba indicado.

Una vez estudiado el contenido de su mencionada comunicación, el Defensor del Pueblo ha decidido dirigirse a la Consejería de Educación, Formación y Empleo, de la Región de Murcia, al efecto de solicitarle información sobre los hechos descritos por Vd.

Tan pronto como se disponga del informe administrativo que, con esta misma fecha, se ha solicitado, esta Institución se pondrá de nuevo en contacto con Vd. para poner en su conocimiento la información recibida y la decisión que se adopte en relación con la cuestión planteada.

Agradeciéndole la confianza demostrada, le saluda cordialmente

El Defensor del Pueblo

Enrique Múgica Herzog

El 26 de junio recibimos una nueva misiva de la citada institución:

Estimado Sr.:

Es de referencia la queja que figura inscrita a su nombre en el registro del Defensor del Pueblo con el número arriba indicado, sobre la que, en su momento, según se le comunicó oportunamente, se solicitó la emisión de un informe a la administración competente que hasta el momento no ha sido enviado a esta Institución.

En consecuencia, una vez transcurrido ya el plazo que se señala en la Ley Orgánica 3/1981, de 6 de abril, del Defensor del Pueblo, para la remisión a esta Institución del informe solicitado, se ha considerado preciso interesar de nuevo, con esta misma fecha, su remisión urgente.

Tan pronto como el órgano administrativo correspondiente envíe la información solicitada, esta Institución se pondrá de nuevo en contacto con Vd., dándole cuenta de la actuación llevada a cabo y, si es posible, de la solución del problema que le afecta.

Agradeciéndole la confianza que deposita en esta institución constitucional, le saluda cordialmente,

En fecha 22 de julio recibimos del mismo esta otra:

Estimado Sr.:

Desafortunadamente, el órgano administrativo competente en relación con su queja, planteada ante esta Institución con el número arriba indicado, persiste en su actitud de no enviar la información pedida.

Esta Institución se ha visto obligada, en consecuencia, a recordar una vez más al citado organismo su deber de colaborar para el rápido esclarecimiento de la reclamación planteada en su queja.

Lamentando una vez más este involuntario retraso, le saluda cordialmente.

El Defensor del Pueblo

Enrique Múgica Herzog

NUEVA SOLICITUD AL PRESIDENTE DE LA CARM

El 18 de septiembre damos entrada en el registro de la CARM al siguiente documento:

A la atención del Sr. Presidente de la CARM
D. Ramón Luis Valcárcel Siso.

Muy Sr. mío:

Siempre me ha sido grato ponerme en contacto con usted en las contadas ocasiones que esto ha ocurrido. Huelga preguntarle por una salud que en los medios manifiesta exultante.

Créame que lamento que en esta ocasión el asunto que me lleva a reclamar su atención sea de ostensible gravedad. No voy a enredarme ni a restarle más tiempo del estrictamente necesario para intentar que vuelva su interés, su mirada, a una penosa situación de notoria injusticia para con nuestros vecinos y paisanos del murciano barrio de Los Rosales" en El Palmar. Una dejación de funciones que, paradójicamente, se perpetra como un delito culposo y continuado sobre los más débiles e indefensos, sobre los hijos de nuestros inmigrantes.

En la Consejería de Presidencia está, desde hace unos meses. la documentación que remití alertando sobre los hechos; la misma que entregué en mano, a primeros de año, a la Directora General de Centros y que calificó, quizá de forma algo apresurada, de racista o xenófoba (no recuerdo el término con exactitud).

El Defensor del Pueblo tuvo a bien interesarse por la citada documentación y los hechos que en ella se apreciaban. Que yo conozca son tres las veces en que dicha institución ha solicitado contrastar pareceres con la Consejería de Educación, recibiendo un inexplicable e irrespetuoso silencio como respuesta. Sí, la misma Consejería que en este segundo semestre de 2009 (año internacional de la innovación y la creatividad) desarrolla y coordina la representación autonómica en los consejos de ministros de educación de la Unión Europea.

Créame cuando le digo que estas niñas y estos niños necesitan, aunque sus propios padres no lo compartan, que usted les dedique unos minutos. Ganarán ellos y ganaremos la sociedad en conjunto.

Esta, Sr. Presidente, es la última carta que le escribo. Sé a ciencia cierta que si ni el Defensor del Pueblo ni yo hemos recibido respuesta alguna de su parte es porque quien tiene el deber de filtrarle la información ha seguido, en esta ocasión, un criterio poco certero. Confío en la sabiduría de quien enmienda con urgencia su error.

Reciba, entretanto, un cordial y afectuoso saludo de la Asociación de Vecinos del barrio de los Rosales, con quien comparto inquietudes y proyectos.

El Palmar, agosto de 2009

Un mes más tarde, el tiempo pasa lento para nosotros pero irrecuperablemente deprisa para los niños de nuestro barrio, recibimos esta carta, con acuse de recibo, de la consejería que nos ocupaba:

Murcia, a 20 de octubre de 2009

Muy Sr. Mío:

En referencia a los hechos puestos de manifiesto en la carta enviada el pasado mes de Agosto al Presidente de la Comunidad Autónoma de la Región de Murcia, en el que denunciaba el "inexplicable e irrespetuoso silencio" de la Consejería de Educación, Formación y Empleo, a las peticiones de información cursadas por el Defensor del Pueblo, le informo que dicho organismo fue puntualmente atendido por esta Consejería con un informe sobre la situación educativa de los colegios públicos de el Palmar CEIP los Rosales y CEIP Santa Rosa de Lima, que fue remitido en dos ocasiones, con fechas de registro de salida de 23 de julio y 1 de septiembre, respectivamente.

En ambos supuestos, consta a esta Secretaría General la correcta recepción de los mismos, con acuses de recibo de fechas 28 de julio y 11 de septiembre, respectivamente, cuya copia adjuntamos a la presente.

Desconozco, por tanto, las razones por las cuales el Defensor del Pueblo afirma no haber recibido respuesta alguna de esta Consejería a sus solicitudes de información. En todo caso, pongo en su conocimiento que hemos dirigido un escrito a dicha institución poniendo de manifiesto que la documentación referida obra en su poder.

Sin otro particular, reciba un cordial saludo.

EL SECRETARIO GENERAL,
José Daniel Martín González

Estas son las contestaciones a las que el anterior secretario general se refiere:

La primera:

En contestación a su oficio de fecha de salida 29 de junio de 2009 relativo a la queja presentada ante esa institución, con el número de expediente 09002051, le remitimos el informe que la Dirección General de Ordenación Académica de esta Consejería nos ha facilitado al efecto.

Murcia, 22 de julio de 2009

EL CONSEJERO DE EDUCACION, FORMACION Y EMPLEO

Fdo.: Constantino Sotoca Carrascosa

La segunda:

En contestación a su escrito de reiteración de solicitud de informe relativo a la Queja presentada ante esa Institución, con el número de expediente 09002651, por un vecino del barrio de Los Rosales, de El Palmar, le comunico que dicho informe fue enviado el 23 de julio de 2009 (Se adjuntan fotocopias del informe, el oficio de remisión y el acuse de recibo).

Murcia, 01 de septiembre de 2009

EL CONSEJERO DE EDUCACION, FORMACION Y EMPLEO

Fdo.: Constantino Sotoca Carrascosa

III. PRIMER INFORME DE LA CARM. AÑO 2009

Encontrados los documentos perdidos y aclaradas las dilaciones, finalmente, el 20 de octubre recibimos ésta del Defensor del Pueblo:

Estimado Sr.:

Es de referencia la queja que figura inscrita a su nombre en el registro de esta Institución con el número arriba indicado, en relación con la cual se ha recibido el informe solicitado de la Consejería de Educación, Formación y Empleo, de la Región de Murcia, del que, para su mejor conocimiento, se le .adjunto fotocopia con la presente comunicación.

Una vez examinado el contenido del informe administrativo mencionado, esta Institución ha considerado preciso solicitar de la mencionada Consejería la emisión de un informe complementario sobre el asunto objeto de su queja.

Tan pronto como se disponga de la información administrativa que se interesa con esta fecha, esta Institución se pondrá de nuevo en contacto con Vd.

Agradeciéndole la confianza demostrada, le saluda cordialmente

Manuel Ángel Aguilar Belda
Adjunto Segundo del Defensor del Pueblo

INFORME SOBRE SITUACIÓN EDUCATIVA DE LOS COLEGIOS PÚBLICOS DE EL PALMAR: CEIP LOS ROSALES Y CEIP SANTA ROSA DE LIMA

En los últimos cursos se ha producido un incremento del alumnado inmigrante en el CEIP Los Rosales y el CEIP Santa Rosa de Lima de El Palmar, pero al mismo tiempo, desde la Consejería de Educación, Formación y Empleo, se están realizando grandes esfuerzos en dotación de recursos humanos para que esta escolarización se realice con gran dignidad tanto para la sociedad de acogida como para los propios alumnos/as inmigrantes.

SITUACIÓN DE LOS CENTROS:

Centros de Educación Infantil y Primaria	Educación Infantil		Educación Primaria		Grupos específicos de Compensación Educativa	
	Ratio	% Extranj.	Ratio	% Extrj	Compen	Aula Acogida
Los Rosales	19,0	89,5	19,9	69,3	1	1
Santa Rosa de Lima	23,0	55,1	25,5	45,1	1 y 1/2	-

Todo este alumnado desfavorecido social, cultural y económicamente, se encuentra en situación de riesgo de exclusión social y en desigualdad inicial para el acceso y la permanencia en el sistema educativo.

El centro viene desarrollando medidas de compensación educativa dentro del Programa de educación compensatoria (Aula de Acogida, grupos de apoyo de compensatoria, apoyo dentro del aula…)

ACTUACIONES:

Los planes de compensación educativa que se llevan a cabo en el centro implican a todo el profesorado y deben contener actuaciones integrales y conjuntas, asumiendo que la compensación educativa ha de contar con todos los recursos de que dispone el centro, el cual, dentro de su autonomía pedagógica, deberá organizar dichos recursos para atender a estos alumnos.

La Consejería de Educación, Formación y Empleo, viene prestando desde hace varios cursos una atención especial de apoyo a la compensación educativa en ambos centros de El Palmar, Murcia. En el presente curso continúa ese apoyo a la compensación educativa, en el CEIP Los Rosales con un profesor de apoyo a la compensación educativa y otro profesor para el Aula de Acogida, y en el CEIP Santa Rosa de Lima con un profesor a la compensación Educativa a tiempo completo más uno a media jornada.

En cursos anteriores, se han realizado actuaciones conjuntas coordinadas con el equipo directivo y con otros profesionales que intervienen en el centro, para diseñar y desarrollar un plan de actuación global en el centro con la participación y colaboración de todos los servicios y/o instituciones implicados en el centro escolar.

El Equipo Específico de convivencia Escolar mantuvo varias reuniones con el Claustro de profesores, referidas a asesoramiento pedagógico, para desarrollar estrategias de trabajo en estos centros problemáticos. Como fruto de estas reuniones se constituyó un grupo de trabajo con profesorado del centro, que en reuniones semanales y asesorados por el Equipo de Convivencia, viene desarrollando un plan de convivencia, centrado en el Plan de Acción Tutorial.

El equipo de Orientación Educativa Psicopedagógica de la zona, tiene una actuación prioritaria en el centro, con la asistencia sistemática del orientador del equipo un día a la semana.

Mediante la Orden de subvenciones a asociaciones y entidades privadas sin ánimo de lucro para la realización de acciones de compensación educativa, tienen una Escuela de Madres y Padres que dinamiza Radio ECCA, y un Proyecto de actividades extraescolares con la Asociación cultural Aljoguel.

Se considera necesaria la constitución de una comisión de trabajo integrada por representantes de los centros educativos, de las administraciones educativa y local, y de las diferentes instituciones y asociaciones de la localidad, a fin de elaborar un Plan de actuación coordinada y global que responda a las necesidades planteadas en los centros educativos de la localidad en general y en CEIP Los Rosales y CEIP Santa Rosa de Lima en particular.

Murcia, 27 de mayo de 2009

EL JEFE DE SERVICIO DE ATENCIÓN A LA DIVERSIDAD

Juan Navarro Barba

NUESTRAS CONSIDERACIONES AL PRIMER INFORME DE DE LA CARM

Salida por la tangente, ojos negros tienes, salir por peteneras, etc. El refranero popular está preparado para calificar este tipo de contestaciones, cuanto el cuestionado no aborda el tema es cuestión pero decide no callarse.

Observemos las dilaciones en el tiempo que se viene produciendo por diferentes motivos. Nuestra carta al Defensor se le remitió el 9 de febrero de 2009, sobre 20 de octubre nos llega esta salida por peteneras que desde el servicio de Atención a la Diversidad le remitieron al Defensor a final de julio. Esto no nos desanima y seguimos trabajando:

A la atención de D. Manuel Ángel Aguilar Belda.
Adjunto Segundo del Defensor del Pueblo.

Nº de expediente: 09002651

Estimado Sr.:

El pasado 22 de octubre recibí su carta, en la que se me trasladaba la contestación que el Jefe de Servicio de Atención a la Diversidad daba, a través del Consejero de Educación, Formación y Empleo Sr. D. Constantino Sotoca Carrascosa, a la queja por mí planteada y que figura registrada en su Institución con el número arriba indicado.

Aún siendo obvio que no aborda en absoluto la queja referida, me atrevo a hacer un pequeño análisis de dicha contestación.

1) Hablan de los esfuerzos para escolarizar a los niños con dignidad, cuando bastaría con que lo hiciesen con equidad.

2) Sobre el porcentaje de alumnado extranjero:

   - ¿Qué criterio siguen para calificar a un alumno de extranjero? Si es su lugar de nacimiento, sería algo que desvirtuaría la estadística que manejan en cuanto al hándicap de la lengua materna, ya que:
     a) Los niños extranjeros cuyos padres proceden del continente hispanoamericano no tienen ningún problema añadido.
     b) Los niños nacidos en España cuyos padres no hablan adecuadamente, o nada, el español no se incluyen en ese porcentaje.

3) Entienden que "todo este alumnado está desfavorecido social, cultural y económicamente. Además se encuentra en riesgo de exclusión social".

   - Yo les digo que cualquier hijo de extranjero en un colegio respetuoso con la ley, la LOE, no tiene ese tipo de riesgo.

4) "¿Desigualdad inicial para el acceso y la permanencia en el sistema educativo?"

   - Sí, porque así lo determina la Consejería de Educación. Estos niños y niñas no tienen mermada ninguna de sus capacidades o facultades por la incidencia del pasaporte paterno. Démosles una oportunidad y permitámosles seguir aprendiendo.

5) "Actuaciones. La compensación educativa ha de contar con todos los recursos de que dispone el centro".

- Yo digo que debe contar con todos los recursos de que dispone la Consejería de Educación la cual, siempre dentro de su autonomía competencial, debe organizar dichos recursos para atender a estos alumnos.

6) Califica a estos centros de "problemáticos". ¿Por la dotación de sus instalaciones? ¿por el profesorado? o ¿por el porcentaje hiriente de alumnado con lengua materna diferente al español? Característica que, al parecer, les llevaría a ser calificados como tales.

- ¿Podríamos plantear la hipótesis de que el alumnado que no se ve capaz de aprender, que no ve perspectivas en su futuro académico o educativo, ni ve modelos adecuados en su entorno pierde el interés por la escuela, por su formación, y puede volverse disruptivo?

7) Si el porcentaje de fracaso o abandono escolar del alumnado de estos colegios triplicase la media española o murciana
    - ¿podríamos deducir que los hijos e inmigrantes que viven en Los Rosales son "especiales"?

8) Si pudiésemos comparar de una forma científica los porcentajes de fracaso de estos niños con los de otros hijos de inmigrantes escolarizados en colegios justos, con una distribución aceptable, equitativa, y resultase una comparativa de términos extremos

    - ¿Podríamos afirmar que es la Consejería de Educación, Formación y Empleo quien determina qué centros serán "problemáticos" y qué niños fracasarán en su aprendizaje?

…entre tanto el Servicio de Atención a la Diversidad, dependiente de la Consejería de Educación, Formación y Empleo *"considera necesaria la constitución de una comisión de trabajo integrada por representantes de "bla, bla, bla…*

Agradeciendo sinceramente su insistencia y atención, reciba un afectuoso saludo. Estamos en sus manos.

En Los Rosales, a 10 de noviembre de 2009

IV. DEFENSOR DEL PUEBLO. AÑO 2010.

Ya en 2010, el 10 de marzo, recibimos del Defensor del Pueblo la siguiente misiva:

Estimado Sr.:

Es de referencia la queja que figura inscrita a su nombre en el registro de esta Institución con el número arriba indicado, en relación con la cual se ha recibido el informe solicitado de la Consejería de Educación, Formación y Empleo, de la Región de Murcia, del que, para su mejor conocimiento, se le adjunta fotocopia con la presente comunicación.

Una vez examinado el contenido del informe administrativo mencionado, se ha advertido que el mismo no se extiende a contemplar todas las cuestiones que se planteaban en la solicitud en su momento formulada, por lo que esta Institución ha considerado preciso interesar del citado órgano administrativo la emisión de un informe complementario sobre el asunto objeto de su queja.

Tan pronto se disponga de la información administrativa que se interesa con esta misma fecha, esta Institución se pondrá de nuevo en contacto con Vd.

Agradeciéndole la confianza demostrada, le saluda cordialmente,

El Adjunto Segundo etc.

SEGUNDO INFORME DE LA CARM

Esta es la contestación a la que se alude:

En relación a la queja presentada ante esa Institución con el número de expediente 09002651, adjunto le remito el informe de la Dirección General de Centros de esta Consejería ha elaborado al efecto.

Murcia, 30 de diciembre de 2009

EL CONSEJERO DE EDUCACIÓN, FORMACIÓN Y EMPLEO

D. Constantino etc.

INFORME PARA DEFENSOR DEL PUEBLO. EL PALMAR.

La queja que se plantea hace referencia a la descompensación de la distribución del alumnado de origen inmigrante, concretando en diversos centros de la localidad de El Palmar.

Los datos aparentemente manifiestan una distribución desigual de la escolarización de este alumnado, pero para entender esta distribución hay que hacer algunas salvedades que son importantes para explicar la misma:

- Desde el proceso de admisión y la posterior escolarización de los alumnos, se hace una reserva de plazas para alumnado con integración tardía (art. 79 de la LOE) de hasta el 15 % de vacantes por unidad. No se tiene en cuenta alumnado extranjero, sino de "integración tardía" que puede o no coincidir con el alumnado extranjero de acuerdo con la normativa vigente. El concepto de alumnado inmigrante no debe referirse al origen de sus progenitores si los alumnos han nacido aquí o llevan viviendo en nuestro país la mayor parte de su vida- De hecho, en nuestra Orden de de 16 de enero de 2009 en su artículo 13 se regula que se considerará integración tardía a los alumnos que lleven menos de dos años en España. Creemos que no se puede considerar extranjero inmigrante a alumnos con 4 o 5 años en España.

- La libre elección de centro es un derecho que la LOE regula en su artículo 84.1 por lo que no se puede enviar a los alumnos a centros que los padres no han solicitado. La tendencia natural es que los padres lleven a sus hijos a los colegios próximos a su domicilio. Y el problema de determinados centros es que están ubicados en zonas donde la población es mayoritariamente extranjera, por lo que el colegio sólo refleja el reparto de su población circundante. En definitiva, en cada unidad escolar hay 21 plazas ordinarias que los padres pueden solicitar de acuerdo con el derecho constitucional de libre elección de centro y sobre las que no hay ninguna cortapisa para que los padres puedan solicitarlas.

Consideraciones Generales

En la LOE se destierra el concepto de alumnado inmigrante o extranjero y se propone el de " Alumno con integración tardía en el Sistema Educativo Español". (1)

En nuestra legislación hemos recogido el mismo concepto que nos marca la normativa estatal: (2) y (3)

A petición del Servicio de Atención a la Diversidad, se estudió un listado de centros donde se establecía unos límites en determinados centros por el porcentaje de alumnado que arrastraba de otros cursos.

Debemos conjugar ese reparto equitativo con el deseo y el derecho de los padres a la elección de centro citado anteriormente, que se suele unir a la petición de un centro lo más próximo a su domicilio.

En Murcia, a 17 de diciembre de 2009
El Jefe e Servicio de Planificación
Javier Hernández Gil

(1) LOE: SECCIÓN TERCERA. ALUMNOS CON INTEGRACIÓN TARDÍA EN EL SISTEMA EDUCATIVO ESPAÑOL

Artículo 78. Escolarización.

1. Corresponde a las Administraciones públicas favorecer la incorporación al sistema educativo de los alumnos que por proceder de otros países o por cualquier otro motivo, se incorporen de forma tardía al sistema educativo español. Dicha incorporación se garantizará, en todo caso, en la edad de escolarización obligatoria.

2. Las Administraciones educativas garantizarán que la escolarización del alumnado que acceda de forma tardía al sistema educativo español se realice atendiendo a sus circunstancias, conocimientos, edad e historial académico, de modo que se pueda incorporar al curso más adecuado a sus características y conocimientos previos, con los apoyos oportunos, y de esta forma continuar con aprovechamiento su educación.

(2) y (3) Decreto 369/2007:

Artículo 20.- Alumnos con integración tardía en el sistema educativo español.

1. De acuerdo con lo establecido en el artículo 78.1 de la Ley Orgánica 2/2006, de 3 de mayo, lo consejería competente en materia de educación favorecerá lo incorporación al sistema educativo de los alumnos que, por proceder de otros países o por cualquier otro motivo, se incorporen de forma tardía al sistema educativo español. Dicha incorporación se garantizará, en todo coso, en la edad de escolarización obligatoria.

2. La escolarización de estos alumnos se realizará atendiendo o sus circunstancias, conocimientos, edad e historial académico, de modo que se pueda incorporar al curso más adecuado a sus características y conocimientos previos, con los apoyos oportunos y, de esto forma, continuar con aprovechamiento su educación.

Orden de 16 de enero de 2009:

Artículo 13.- Reserva de plazas para el alumnado con necesidad específica de apoyo educativo.

1. De acuerdo con el artículo 17.2 del Decreto 369/2007, de 30 de noviembre, se realizará reservo de plaza al:

a) Alumnado que presente necesidades educativas especiales asociadas a discapacidad psíquica, motora o sensorial, trastornos graves de conducta o trastornos graves del desarrollo.

b) Alumnado que presente altas capacidades intelectuales, asociadas a algún tipo de talento o sobredotación intelectual.

c) Alumnado con integración tardía en el sistema educativo que presente desconocimiento del idioma español o riesgo de exclusión social ocasionado por condiciones personales o familiares, no derivadas del desconocimiento del idioma y que supongan uno desigualdad inicial para acceder al sistema educativo y progresar en los niveles posteriores.

d) Alumnado con medidas judiciales de reforma y de promoción juvenil o con medidas de protección y tutela.

2. En los centros sostenidos con fondos públicos, lo reserva de plazas para este alumnado, salvo en el caso de los cursos de Bachillerato y de los programas de Cualificación Profesional Inicial, siempre y cuando se crea necesario, se fija hasta en un quince por ciento. De esta reserva, dos plazas estarán destinadas preferentemente a alumnos con necesidades educativas especiales, Además, se podrá reservar una plaza específicamente para alumnos con altas capacidades intelectuales.

3. Los centros públicos y los centros privados concertados reservarán el porcentaje de plazas establecidas en el aportado anterior por unidad escolar en el primer curso del segundo ciclo de Educación Infantil y en el primer curso de Educación Secundaria Obligatoria. Aquellos centros que no tengan lo etapa de Educación infantil, realizarán la citada reserva de plazas en primero de Educación Primaria y en primero de Educación Secundario Obligatoria, si lo hubiere. En el resto de cursos, se descontará de dicha cifra el número de alumnos con necesidades educativos especiales escolarizados en los mismos. Esta reserva se realizará sin perjuicio de los derechos del alumnado matriculado en el centro o en los centros adscritos.

4. La reserva de plazas será expresamente comunicada a todos los centros sostenidos con fondos públicos y las Comisiones de Escolarización velarán por su cumplimiento, sin perjuicio de los derechos del alumnado matriculado en el centro.

5. Para la reserva de plazas del alumnado con integración tardía en el sistema educativo español, se tendrán en cuento, además de lo especificado en el apartado primero del presente artículo, las siguientes circunstancias:

> a) En el primer curso del segundo ciclo de Educación Infantil, el que los padres o tutores legales del alumno lleven viviendo en España menos de dos años, contados hasta el año natural en el que se solicita la admisión.
>
> b) En el primer curso de Enseñanza Primaria y primer curso de Educación Secundaria Obligatorio, el que el alumno acceda por primera vez al sistema educativo español.

6. La reserva de plazas escolares establecida en el apartado segundo del presente artículo quedará sin efecto en el momento en que termine la Fase Ordinaria de Admisión.

Hasta aquí el informe del servicio que depende de la consejería de educación.

CONSIDERACIONES AL SEGUNDO INFORME DE LA CARM

La estrategia de la consejería de Educación está clara y va haciendo mella en nosotros. Nuestros vecinos marroquíes dicen entender mayoritariamente que el futuro de sus hijos va a depender claramente del colegio en que estén escolarizados, pero las solicitudes para pedir colegio para el próximo año para su prole fueron en su mayoría hechas en los del barrio. Los más concienciados me presentaron al encargado de la mezquita, que nos escuchó con educada atención. Sólo unos pocos, muy pocos, dieron el salto de sacar a sus niños de aquel futuro de miseria. Sus hijos son unos chicos con suerte.

Por nuestra parte nos ponemos de nuevo en contacto con El Defensor el 21 de mayo:

A la atención de: Adjunto Segundo del Defensor del Pueblo D. Manuel Ángel Aguilar Belda.

Nº de Expediente: 09002651

Estimado señor:

En referencia a la segunda contestación de la Consejería de Educación de la Región de Murcia sobre la queja con el nº de expediente antes referido, paso a puntualizarle lo siguiente:

El Jefe del Servicio de Planificación, D. Javier Hernández Gil, dice:

- "Los datos aparentemente manifiestan una distribución desigual de la escolarización de este alumnado (de origen inmigrante)".
    - Apreciación por mi parte:
        - No tengo palabras.
- "No se tiene en cuenta alumnado extranjero, sino de integración tardía, que puede o no coincidir con el alumnado extranjero de acuerdo con la normativa vigente…De hecho, nuestra Orden de 16 de enero de 2009 en su artículo 13 se regula que se considerará integración tardía a los alumnos que lleven menos de dos años en España. Creemos que no se puede considerar extranjero o inmigrante a alumnos con 4 o 5 años en España."
    - Apreciación por mi parte:
        - En la anterior contestación al Defensor del Pueblo, en verano de 2009, en aquel "Informe sobre la situación educativa de los Colegios públicos de El Palmar: CEIP Los Rosales y CEIP Santa Rosa de Lima" redactado por el Jefe de Servicio de Atención a la Diversidad, Don Juan Navarro Barba, y visado por el, a la sazón, Consejero de Educación Don Constantino Sotoca Carrascosa, se especifica que, por ejemplo, el porcentaje de alumnado calificado como extranjero en educación infantil en el CEIP Los Rosales es del 89,5 por ciento, y se afirma que "todo este alumnado desfavorecido social, cultu-

ral y económicamente, se encuentra en riesgo de exclusión social y en una desigualdad inicial para el acceso y la permanencia en el sistema educativo".

- Sin entrar en nomenclatura ni terminología que podamos adaptar según nos convenga, en espera de que la Consejería unifique sus propios criterios, la evidencia es que la permanencia de los citados alumnos en el sistema educativo es ostensible y alarmantemente muy inferior a la media, rayando el absoluto, siendo el riesgo de exclusión social una promesa de su exclusión real en un futuro no muy lejano.

- "La libre elección de centro es un derecho... La tendencia natural es que los padres lleven a sus hijos a los colegios próximos a su domicilio. Y el problema de determinados centros es que están ubicados en zonas donde la población es mayoritariamente extranjera, por lo que el colegio sólo refleja el reparto de su población circundante."

    - Apreciación por mi parte:

        - La tendencia natural de los padres conscientes de la educación de sus hijos es, claro, escolarizarles en colegios que la propia Consejería de Educación no tenga catalogados como "problemáticos".

- Al CEIP Los Rosales le circunda una población autóctona, cristianos viejos que diría aquel, cercana al cincuenta por ciento, sin embargo sólo el 5%, quienes lindan al sur del mismo, les escolarizan ahí y lo colmatan de uniformidad.

¿Temerarios o desconocedores del mal que les están causando a sus hijos, condenándoles al fracaso escolar y vital? "Centros problemáticos" que engendrarán adolescentes defraudados, garantizándoles a fuego su fracaso escolar.

Así, teniéndoles concentrados en unos pocos colegios de unos pocos *barrios de integración tardía al sistema del gobierno murciano,* que diríamos, todos estamos contentos, tranquilos y, lo que es mejor, siempre podremos achacar el fracaso vital de aquellos niños y niñas al mal uso que de la libertad, del derecho a elegir libremente el centro de estudios, han hecho sus propios padres.

- "En la LOE se destierra el concepto de alumnado inmigrante o extranjero y se propone el de Alumno con integración tardía en el Sistema Educativo Español. En nuestra legislación hemos recogido el mismo concepto que nos marca la normativa estatal".

- Apreciación por mi parte:

  - El nuevo concepto acota el tratamiento equitativo hasta los dos años de residencia en España, eliminando de un plumazo a los nacidos aquí como sujetos merecedores de una actuación especial de atención a la diversidad.

  - Yo les propongo el concepto de alumnado con lengua materna distinta al español/castellano.

- "A petición del Servicio de Atención a la Diversidad se estudió un listado de centros donde se establecía unos límites en determinados centros por el porcentaje de alumnado que arrastraba de otros cursos"

  - Apreciación por mi parte:

    - No aclara qué centros tienen establecidos ciertos límites ni a la limitación a que se refiere, si es de un mínimo porcentaje de alumnado con necesidades educativas específicas o, por el contrario, establece un tope máximo de alumnado de estas características por aula. En este último caso, ¿un 85 por ciento de alumnado "desfavorecido social, cultural y económicamente y que se encuentra en riesgo de exclusión social y en una desigualdad inicial para el acceso y permanencia en el sistema educativo" está dentro de lo aceptable para la citada Consejería?

- Evidentemente existen marcadas diferencias entre el espíritu y la letra de la ley (la LOE) con respecto a los criterios de esta Consejería de Educación, siendo los paganos de esta contradicción nuestros párvulos vecinos.

Vista la querencia por las referencias a la ley y su estricta observancia, le apunto algunos artículos que parece desconocer:

Referencias a la Ley.

La Ley Orgánica de Educación (LOE), vigente en la actualidad, reconoce en su Preámbulo *la necesidad de combinar calidad con equidad en la oferta educativa,* de la *necesidad de llevar a cabo una escolarización equitativa del alumnado.*

En el Título Preliminar, en el Capítulo I:

Artículo 1. Principios.

a) La calidad de la educación para todo el alumnado, independientemente de sus condiciones y circunstancias.

b) La equidad, que garantice la igualdad de oportunidades, la inclusión educativa y la no-discriminación y actúe como elemento compensador de las desigualdades personales, culturales, económicas y sociales...

TÍTULO II. EQUIDAD EN LA EDUCACÓN

CAPÍTULO II: Compensación de las desigualdades en educación

Artículo 81. Escolarización.

1. Corresponde a las Administraciones educativas asegurar una actuación preventiva y compensatoria garantizando las condiciones más favorables para la escolarización, durante la etapa de educación infantil, de todos los niños cuyas condiciones personales supongan una desigualdad inicial para acceder a la educación básica y para progresar en los niveles posteriores.

CAPÍTULO III: Escolarización en centros públicos y concertados

Artículo 84. Admisión de alumnos.

1. Las Administraciones educativas regularán la admisión de alumnos en centros públicos y privados concertados de tal forma que garantice el derecho a la educación, el acceso en condiciones de igualdad y la libertad de elección de centro por padres o tutores. En todo caso, se atenderá a una adecuada y equilibrada distribución entre los centros escolares de los alumnos con necesidad específica de apoyo educativo.

Artículo 87. Equilibrio en la admisión de alumnos.

1. Con el fin de asegurar la calidad educativa para todos, la cohesión social y la igualdad de oportunidades, las Administraciones garantizarán una adecuada y equilibrada escolarización del alumnado con necesidad específica de apoyo educativo. Para ello, establecerán la proporción de

alumnos de estas características que deban ser escolarizados en cada uno de los centros públicos y privados concertados y garantizarán los recursos personales y económicos necesarios a los centros para ofrecer dicho apoyo.

TÍTULO IV: Centros docentes
CAPÍTULO I: Principios generales

Artículo 109. Programación de la red de centros.

2. Las Administraciones educativas programarán la oferta educativa de las enseñanzas que en esta Ley se declaran gratuitas teniendo en cuenta la oferta existente de centros públicos y privados concertados y, como garantía de la calidad de la enseñanza, una adecuada y equilibrada escolarización de los alumnos con necesidad específica de apoyo educativo.

En Los Rosales, a 21 de Mayo de 2010

TERCER INFORME DE LA CARM

El día 4 de mayo sale un documento desde la Consejería de Educación en contestación al requerimiento que la Institución del Defensor les hizo con fecha 10 de marzo:

En contestación a su escrito relativo a la queja presentada por un vecino del barrio de Los Rosales con número de expediente n" 09002651, de El Palmar, sobre el elevado índice de concentración de alumnado con necesidades específicas de apoyo educativo que presentan los dos colegios públicos "Los Rosales" y "Santa Rosa de Lima", le remitimos el informe que el Servicio de Evaluación y Calidad Educativa de la Secretaría General nos ha facilitado al efecto.

Murcia, 04 de mayo de 2010

Fdo.: EL CONSEJERO DE EDUCACIÓN, FORMACIÓN Y EMPLEO

Constantino etc...

En relación a la queja presentada ante el Defensor del Pueblo y a la información solicitada referida a actuaciones compensatorias en dos colegios de El Palmar, "Los Rosales" y "Santa Rosa de Lima", se emite el siguiente informe:

En lo que atañe al Servicio de Evaluación y Calidad Educativa se solicitan: "los resultados que haya obtenido su alumnado en las evaluaciones de diagnóstico que se hayan efectuado los últimos cursos en uno y otro centro y su comparación con los resultados globales que se hayan derivado de las mismas evaluaciones en el conjunto de los centros de la Región de Murcia".

La prueba a la que hace referencia se realizó el día 12 de mayo de 2009. Los centros mencionados dispusieron de su informe en el mes de junio y trasladaron a cada familia el correspondiente informe individualizado. Los resultados regionales se hicieron públicos en septiembre. Hemos de remitir a la Orden de 16 de febrero de 2009, de la Consejería de Educación, Formación y Empleo, por la que se regula la evaluación de diagnóstico y su procedimiento de aplicación en los Centros Docentes. En su artículo 5.6 dispone: "En ningún caso, los resultados de la evaluación de diagnóstico podrán ser utilizados para el establecimiento de una clasificación por alumnos, grupos y/o centros"

Con objeto de garantizar este mandato que recoge explícitamente la Ley Orgánica 2/2006, de 3 de mayo, de Educación, en su artículo 144.3, no se ha publicado la información desagregada. Obsérvese, además que se trata de dos colegios de la misma localidad.

Por otra parte, la información solicitada incluye parcialmente a alumnos y alumnas contemplados en el artículo 5.1 de la Orden de 16 de febrero de 2009, que no forman parte del análisis estadístico general.
"Los resultados obtenidos por los alumnos con necesidades educativas especiales, así como por los alumnos extranjeros que lleven menos de un año escolarizados en España serán objeto de un estudio diferenciado. Asimismo, en el caso de los grupos de la muestra, los resultados de dichos alumnos no formarán parte del análisis estadístico general. No obstante, se les remitirá a los centros participantes la información relativa a este alumnado."

No obstante estas consideraciones, con la finalidad de responder a la solicitud del Adjunto Segundo del Defensor del Pueblo, con una información más detallada, le traslado lo siguiente:

1.- Todos los centros han recogido en su Memoria final el grado de adquisición de las competencias básicas objeto de la prueba de diagnóstico y han programado medidas de refuerzo y mejora, así como otras actuaciones académicas y organizativas.

2.- La dirección del centro ha incluido en la Programación General Anual 2009/10 las actuaciones acordadas y la Inspección de Educación hará el seguimiento de dichas actuaciones y evaluará la efectividad de las propuestas.

Estos documentos (Memoria Final y Programación General Anual) deben ser solicitados, en su caso, a la Inspección de Educación. En lo que compete a este Servicio, los últimos datos consolidados de evaluación corresponden al curso 2008/09 y son los siguientes:

RESULTADO DE LA EVALUACIÓN DEL ALUMNADO	Colegio “Santa Rosa de Lima”	Colegio "Los Rosales"	Datos regionales 08/09
Porcentaje de promoción en 2º Educación Primaria	87,5%	67,7%	93%
Porcentaje de promoción en 4º E.P.	84%	82,2%	93,78 %
Porcentaje de promoción en 6º Educación P.	68%	81,2%	91,66%

Murcia, a 28 de abril de 2010

LA JEFE DE SERVICIO DE EVALUACIÓN Y CALIDAD EDUCATIVA

Aurora Fernández Martínez

V. RECOMENDACIONES DEL DEFENSOR

El Defensor nos remite el anterior documento de la CARM, junto con la carta que se refleja a continuación, el 20 de julio de 2010:

Estimado Sr.:

Es de referencia la queja a que figura inscrita a su nombre en el registro de esta Institución con el número arriba indicado, en relación con la cual se ha recibido el informe solicitado de la Consejería de Educación, Formación y Empleo, de la Región de Murcia, del que, para su mejor conocimiento, se le adjunta fotocopia con la presente comunicación.

Una vez examinado el contenido del informe administrativo mencionado (en el que se contienen datos de los que se deduce un rendimiento educativo significativamente inferior que la media de la Región de Murcia, de los alumnos escolarizados en los dos Colegios públicos "Los Rosales" y "Santa Rosa de Lima", de la localidad de El Palmar, a que viene haciendo referencia la tramitación efectuada), esta Institución ha considerado preciso solicitar de la citada Consejería la emisión de un nuevo informe en el que se precisen las iniciativas que esté previsto adoptar para la determinación y aplicación en dichos centros de medidas compensatorias adicionales a las ya puestas en marcha que permitan a su alumnado lograr índices de promoción que paulatinamente vayan aproximándose a la media de esa comunidad autónoma.

En relación con el contenido de su última comunicación esta Institución considera oportuno remitirse a sucesivos informes monográficos en los que el Defensor del Pueblo ha analizado las condiciones en que se produce la escolarización del alumnado de origen inmigrante en nuestro país. El citado estudio, sobre la base de datos aportados por el Ministerio de Educación y por las administraciones educativas autonómicas competentes, y teniendo en cuenta, de otra parte, las opiniones manifestadas por equipos directivos, profesores, padres de alumnos y alumnas de una serie de centros docentes representativos, ha permitido concluir que el alumnado de origen inmigrante, que con relativa frecuencia presenta necesidades educativas especificas que deben ser objeto de acciones de carácter compensatorio, se distribuyen de una manera muy desigual entre los centros docentes tendiendo a concentrarse en centros determinados tanto públicos como en ocasiones privados concertados que llegan a presentar unos porcentajes muy elevados de alumnos de la indicada procedencia.

El informe efectuado ha permitido asimismo conocer que las opiniones mayoritariamente positivas que expresan los profesores y alumnos ante la escolarización de alumnado inmigrante en sus centros cambia de carácter cuando se trata de centros que escolarizan porcentajes superiores al 30% de este alumnado, deduciéndose de las respuestas que aportaron al cuestionario planteado por el Defensor del Pueblo que, a su juicio, en los centros en que se producen índices de concentración iguales o superiores al mencionado, resulta perjudicado el proceso de enseñanza-aprendizaje, deteriorada la convivencia en el centro y su imagen exterior y, en definitiva, dificultado el adecuado ejercicio del derecho a la educación de los alumnos.

Esta Institución, en consecuencia, ha sugerido para corregir situaciones como las mencionadas la implantación, allí donde no estén establecidas, de medidas como la reserva de un número determinado de plazas por unidad escolar para el alumnado de origen inmigrarte, con el objetivo de avanzar en la obtención de un mayor equilibrio en la distribución de este alumnado entre todos los centros sostenidos con fondos públicos.

La adecuada información a las familias de estos alumnos respecto de los requisitos, criterios y procedimiento de admisión en los centros públicos y privados concertados, y la adecuada supervisión de los procesos de admisión de alumnos en los centros sostenidos con fondos públicos, son también medidas cuya puesta en práctica contribuiría, a juicio de esta Institución, a lograr de forma progresiva una más equilibrada distribución del alumnado de origen inmigrante, según también se ha manifestado en el informe realizado.

Si con las medidas hasta aquí descritas, y cualesquiera otras que se juzgasen procedentes por las administraciones educativas, no se lograse un razonable equilibrio en la escolarización de este alumnado, parece imprescindible pensar en la posible revisión del marco normativo y organizativo vigente para introducir en él las modificaciones que se consideren necesarias para el logro de tal objetivo. Por este motivo el Defensor del Pueblo ha recomendado la adopción de las medidas normativas y organizativas que fueren precisas para alcanzar el objetivo de que cada centro concreto escolarice a estos alumnos atendiendo a lograr el necesario equilibrio dentro de cada zona, incluyendo las de redistribución de su alumnado con vistas a conseguir dicho equilibrio en aquellos supuestos en que la situación existente en centros determinados lo hiciese necesario para salvaguardar la integridad del derecho a la educación de los alumnos.

Esta última línea de actuación ha sido recomendada por esta institución a la administración educativa de la Región de Murcia, con ocasión de la tramitación de quejas similares a la planteada por Vd. relativas a centros docentes de otras localidades de esa comunidad autónoma, sin que hasta el momento la referida administración haya atendido en ninguno de los supuestos que se le han planteado el punto de vista mencionado, alegando para ello que actuaciones como las propuestas resultarían contrarias al derecho a la libre elección de centro que corresponde a los padres de los alumnos.

En definitiva, ello ha llevado a esta Institución a seguir líneas de actuación como la que se ha puesto en práctica al iniciar, con esta misma fecha, el trámite del que se le ha dado cuenta al comienzo de este escrito, de cuyo resultado será Vd. oportunamente informado, tan pronto como se disponga de la información administrativa que se ha interesado.

Agradeciéndole la confianza demostrada, le saluda atentamente

El Adjunto Segundo etc.

CUMPLEAÑOS ESPERANZADO

A primeros de agosto, el día de mi cumpleaños, remitimos una nueva retahíla de palabras enlazadas con algún tipo de sentido, con la esperanza de que algo o alguien obre el milagro del entendimiento. Está claro que ni las palabras que salen desde la Asociación de Vecinos del Barrio de Los Rosales ni las que se trasladan a la Consejería de Educación desde la Institución del Defensor del Pueblo, tienen sentido para quienes las leen.

Estimado señor:

En referencia al expediente mencionado, vaya por delante mi más sincera gratitud por el interés que ha venido demostrando la institución del Defensor del Pueblo y, más concretamente, su persona. Frente al dolor que causa ver, día tras día, cómo centenares de chavales de mi barrio forjan cada día su fracaso vital, alivia de algún modo y en algunos momentos el saber que no estamos solos en esta lucha.

Como recordará, acudí a usted en queja a primeros del pasado año 2009. Tiempo antes adquirí consciencia del futuro de exclusión social que se prometían buena parte de mis vecinos, los más jóvenes, los aún niños, del que tanto sus padres como nuestras autoridades son fieles garantes. Adquirí, igualmente, conciencia de mis obligaciones. No iba a ser fácil, rápido ni agradable; como ya se dijo en el desierto de Almería: "*es un trabajo sucio, pero alguien tiene que hacerlo.*"

Ha pasado más de año y medio y no hemos avanzado nada, sólo en número de estudiantes y vidas menoscabadas. Permítame un pequeño resumen de su última carta junto con el informe adjuntado del Servicio de Evaluación y Calidad

Educativa de la Secretaría General de la Consejería de Educación, Formación y Empleo:

- Los datos del informe administrativo mencionado revelan un rendimiento educativo significativamente inferior a la media en esta comunidad autónoma, del alumnado de los CEIP Los Rosales y Santa Rosa de Lima.

- El Defensor, en vista de lo preocupante y negativo de estos resultados, solicita un nuevo informe que señale las iniciativas previstas de medidas compensatorias adicionales a las ya existentes, habida cuenta del fracaso de las hasta ahora adoptadas.

- Existen informes monográficos del Defensor del Pueblo sobre el aspecto que nos ocupa, basados en otros momentos y lugares diferentes, con los mismos resultados. Podemos así asegurar que el pasado, el presente y el futuro de los niños y las niñas de mi barrio son la *crónica de un fracaso anunciado.*

- Usted apunta que la adecuada información a las familias de estos alumnos contribuiría a lograr de forma progresiva una más equilibrada distribución del alumnado de origen inmigrante.

- La Institución (de un modo más diplomático) ve imprescindible una revisión del marco normativo y organizativo vigente, para alcanzar así el objetivo de un razonable equilibrio en la escolarización del alumnado, con vistas a salvaguardar la integridad del derecho a la educación.

- En otras localidades de esta región se han tramitado quejas similares, con parecida sensibilidad de las autoridades a la gravedad de los hechos e idéntico éxito.

- La respuesta que ayuntamientos y Comunidad Autónoma dan al fracaso escolar de este alumnado, de estos centros y de esta Consejería de Educación es que las medidas que El Defensor del Pueblo y las ciencias sociales y de la educación proponen son, amantes de la libertad y de su ley nuestros políticos, contrarias al derecho a la libre elección de centro que corresponde a los padres de los alumnos.

- Que visto lo visto, siendo nuestros políticos de la educación como la pared de un frontón donde se estrellan ciencia y humanidad, la institución que usted representa se propone iniciar un trámite que, como usted y yo sabemos, no será más que un brindis al Sol. Más de lo mismo para esas criaturas que no se saben carne de cañón. No encuentre en este párrafo ni el más mínimo reproche a su actuación; sólo puedo estar cargado de agradecimiento tanto a su Institución como a su persona. Créame.

- Al citado Servicio de Evaluación y Calidad Educativa de la Secretaría General de la Consejería de Educación, Formación y Empleo, el Defensor le solicita los resultados que haya obtenido el alumnado que nos ocupa en las evaluaciones de diagnóstico efectuadas en los últimos cursos en uno y otro centro y su comparación con el resto de la Región.

Este último requerimiento (el tercero de una serie que empezó a primeros de 2009) se hizo a finales del pasado año, el mencionado Servicio responde el 4 de mayo de 2010, se da entrada en el registro del Defensor el 11 de mayo y esta institución, sobrecargada de un trabajo que no debería existir, responde a tanta evasiva, tanto balón fuera, el 20 de julio, como hemos resumido arriba.

El referido Servicio de etc., de la Consejería de Educación etc., emplea dos folios para decir que no puede contestar al requerimiento de la Institución del Defensor del Pueblo y remite a ésta a la Inspección de Educación, que imagino que dependerá de la misma Consejería de Educación etc. (cosa que volverá a dilatar las gestiones otros ocho meses). No obstante, y en prueba de buena voluntad, le informa del porcentaje de promoción 2008/09 del alumnado de aquellos colegios marcados (colegios y alumnos) por su barrio.

REFLEXIÓN

La comparativa es penosa, pero aún así esos datos no reflejan la realidad; la esconden. El alumnado, por escasas competencias básicas que haya adquirido, no puede repetir más de un curso. La promoción, habiendo repetido una vez, es automática. La verdadera comparativa se da al llegar a la ESO y confluir en un mismo instituto niñas y niños provenientes de diferentes colegios, con diferentes ambientes y docentes. Esta prueba sí tiene validez, es suficientemente objetiva y nos desenmascara.

La desventaja con la que el alumnado de los CEIP Santa Rosa de Lima y Los Rosales llega a la ESO les garantiza su fracaso. La llegada al instituto es el dramático momento en que estas niñas y niños se hacen conscientes de su falta de preparación y competencia. El trauma que causa en los niños verse menos que los compañeros, menos capaces, menos competentes, menos listos, por ende menos apreciados, menos válidos, menos… ¿quién se responsabiliza de ello? ¿de ese momento? ¿de esa sensación? ¿de esa frustración? ¿de ese fracaso vital?. El autoconcepto y la autoestima de estos menores que no son positivos en demasía se tornan, en ese tránsito, negativos en su mayor parte y contribuyen, aún más si cabe, al final pronosticado. ¿Los responsables de esto? Según el Ayuntamiento y la Comunidad Autónoma de Murcia, son la libertad de elección y los padres de los menores. Curiosamente, los responsables de los citados organismos no son responsables. Poncio, Poncio, cuánta sabiduría o cinismo en aquel acto.

PETICIÓN:

Llevamos más de año y medio de correosa relación epistolar con la administración.

- ¿Es posible conocer las pruebas de diagnóstico efectuadas recientemente en los IESO de El Palmar de Murcia?

- ¿Es posible conocer el porcentaje de promoción de los alumnos de dichos centros?

- ¿Es posible realizar una encuesta a sus profesores sobre la preparación de sus alumnos al llegar al instituto y sobre si existen notables diferencias en sus competencias según el colegio del que proceden?

- La mayoría del alumnado de la ESO es español, ¿se observan diferentes agrupamientos entre los menores según la procedencia de sus padres?

Agradecido en gran manera a usted y a la institución que representa, animándole a que no ceje en el empeño de hacer de esta una sociedad más justa e igualitaria para todos, en la que la equidad debe ser punto de partida y guía de sus proyectos,

Reciba un cordial y afectuoso saludo

Los Rosales, a 4 de agosto de 2010

RECAPITULACIÓN

Recordemos que el pasado 20 de julio el Defensor nos remitía una carta con un informe del Servicio de Evaluación y Calidad Educativa de la CARM fechado a 28 de abril de 2010, el cual recogía datos de evaluación del alumnado, en concreto el porcentaje de promoción al finalizar los diferentes ciclos de la Educación Primaria. Éstos, aún siendo significativamente inferiores a la media regional, ya de por sí a la cola de las comunidades españolas, son tramposos en cuanto no explican la realidad de lo que sucede con el alumnado.

El lector poco avezado podrá pensar que, teniendo en cuenta las grandes dificultades con que se encuentran los docentes y la administración educativa, con un alumnado de características tan específicas, bastante logro consiguen con el porcentaje de promoción que se indica en la tabla de aquel informe. Si al finalizar la Educación Primaria, en la Región de Murcia, el porcentaje de promoción es del 91,66% y en los CEIP Los Rosales y Santa Rosa de Lima de un puñetero barrio sólo es del 81,2% y 68% respectivamente, pues tampoco es tanto teniendo en cuenta lo que hay que tener, se podría pensar.

Lo que ocurre, como todos ustedes saben, que el alumnado de primaria sólo puede dejar de promocionar, lo que antes se llamaba suspender, un curso escolar. Una vez que los niños repiten un año, su promoción es automática, pasan de curso independientemente del resultado de sus evaluaciones. Eso hace que, independientemente del nivel de aprendizaje con el que terminen esta etapa educativa, pasarán a la siguiente, la Educación secundaria Obligatoria, a un instituto de la localidad, en el que han de compartir aula con chicos y chicas procedentes de otros colegios de primaria que presentan un porcentaje de alumnado con necesidades educativas específicas muy alejado a los de los centros que nos ocupan.

Es ahí, en la ESO, cuando los críos de mi barrio sufren y son conscientes realmente de la gran estafa vital que se ha estado cometiendo con ellos durante su infancia. Es ahora cuando pueden tener una referencia externa, la de sus otros compañeros procedentes de otros colegios, cuando los exámenes son iguales para unos y otros. Es el momento en que dan la cara todas esas miserias *pseudo-pedagógicas* de compensación educativa, aulas de acogida a media jornada, escuelas de madres y padres, la visita a los centros de un orientador del equipo un día a la semana, programas de español para extranjeros en el colegio, metodologías inclusivas, programas de lengua y cultura magrebí para el alumnado, actividades extraescolares y el hablar de "éxito educativo adecuado para este alumnado" y no de su rendimiento académico.

Señoras y señores de la autoridad, por favor, mézclenlos, religuen a esos chiquillos unos con otros, denle color a todos los colegios sostenidos con fondos públicos, facilítenle la oportunidad a esos niños de aprender el idioma español en la etapa de infantil, antes de que su maestra de primaria les intente explicar conceptos tan abstractos como la matemática, que para ese momento ya es tarde. Olvídense de enseñarles español para extranjeros y permitan que sus compañeros de infantil sean sus mejores maestros de español. Cuatro descendientes de idioma árabe en un aula, con veinte compañeros hispanohablantes más, aprenden por sí solos en su etapa de juegos la lengua de la maestra. ¿Visitas semanales del un orientador del súper "Equipo de Orientación Educativa Psicopedagógica" a unos colegios cuyo gran problema es el *apartheid* lingüístico? ¿Escuelas de madres (sólo madres) en las que charlar de diversos temas de interés y aprender nuevos platos de cocina étnicos? ¿Eso mejora la calidad educativa de los menores? ¿Grandes cantidades de dinero, que no nos sobra, para la "intervención educativa" de diversas *ONG* "sin ánimo de lucro" cuando la redistribución equitativa nos saldría gratis?¿Estamos locos o qué?

Recordemos igualmente que en aquella del 20 de julio de 2010, vistos los resultados de la intervención educativa, se solicitaba de nuestra administración regional "una vez examinado el contenido del informe administrativo en el que se contienen datos de los que se deduce un rendimiento educativo significativamente inferior a la media de la Región de Murcia, de los alumnos escolarizados el los colegios a que viene haciendo referencia la tramitación efectuada", y que requería de nuestra administración educativa regional "un nuevo informe en el que se precisen las iniciativas que esté previsto adoptar (…) que permitan a su alumnado lograr índices de promoción que paulatinamente vayan aproximándose a la media de esa comunidad autónoma".

Recibimos contestación seis meses después, el 17 de enero de 2011. Esta vez hemos notado cambios por parte de la Institución, ya que no de la administración murciana, que ante el requerimiento de las nuevas medidas a adoptar visto el resultado de las que se vienen aplicando, la única novedad a la que se hace referencia, tras volver a informar de los malos resultados, es que "se vienen desarrollando metodologías inclusivas (…) y se viene desarrollando el Programa de Lengua y Cultura Magrebí, con una participación del 50% del alumnado".

VI. DEFENSOR DEL PUEBLO. AÑO 2011

Los cambios en la Institución a los que aludimos son evidentes. Tras la dimisión de Enrique Múgica pasa a ocupar su puesto, en funciones, María Luisa Cava de Llano y Carrió. Ya no nos pasa copia de la contestación de la consejería de Educación sino que la transcribe. No aporta ninguna consideración propia, en la línea que venía manteniendo hasta ahora, ni requiere nada a la consejería, ya que tan solo nos comenta que, si lo estimamos necesario, podemos remitirles un nuevo escrito con nuestras consideraciones al respecto de lo expuesto por la administración y, finalmente, nos da un plazo de un mes para alegar o le da carpetazo al asunto. Es como sigue:

Estimado Sr. :

Es de referencia la queja que figura inscrita a su nombre en el registro de esta Instrucción con el número arriba indicado, en relación con la cual se ha recibido el informe solicitado de la Consejería de Educación, Formación y Empleo de la Región de Murcia que, para su mejor conocimiento, se transcribe a continuación:

"Se da respuesta a la solicitud de nuevo informe en el que se precisen las incitativas que está previsto adoptar para la determinación y aplicación en los colegios públicos 'Los Rosales' y 'Santa Rosa de Lima de El Palmar, de medidas de apoyo educativo, adicionales a las ya puestas en marcha, que permitan a su alumnado lograr índices de promoción que paulatinamente vayan aproximándose a la media de esta comunidad educativa, se emite el siguiente informe:

Respecto a la valoración que hacen de los datos de evaluación (remitidos en el informe anterior) de los alumnos escolarizados en los colegios públicos 'Los Rosales y 'Santa Rosa de Lima, diciendo que el 'rendimiento educativo es significativamente inferior a la media de la Región de Murcia, cabe hacer las siguientes consideraciones:

- El CEIP 'Los Rosales' escolariza en tono al 90% de alumnado de minorías étnicas (magrebíes y gitanos), mientras que en el CEIP 'Santa Rosa de Lima, este alumnado alcanza el 60%

- Ambos centros están ubicados en zonas geográficas que presentan una situación socioeconómica muy precaria.

- El alumnado, en general, manifiesta una dificultad de apoyo familiar muy importante debido a la escasa alfabetización y al desconocimiento del español de 1as familias.

- Se produce una gran movilidad (bajas e incorporaciones) del alumnado a lo largo del curso escolar.

- Debido al desconocimiento del español cuando se escolarizan y al gran número de inmigrantes, la inmersión lingüística es mucho más difícil que se produzca.

En base a lo anterior, en los últimos cursos, desde la Consejería de Educación, Formación y Empleo, se están realizando grandes esfuerzos en dotación de recursos humanos, tanto para la sociedad de acogida, como para los propios alumnos/as inmigrantes, así:

- En el CEIP 'Los Rosales', dos recursos específicos de compensación educativa, adicionales a la plantilla ordinaria: un profesor de apoyo a la compensación educativa y otro profesor para el aula de acogida.

- En el CEIP 'Santa Rosa de Lima' un profesor de apoyo a la compensación educativa a tiempo completo, más otro a media jornada, adicionales a la plantilla ordinaria.

El Equipo de Orientación Educativa Psicopedagógica de la zona tiene una actuación prioritaria en ambos centros, con la asistencia sistémica del orientador del equipo un día a la semana.

- Mediante la orden de subvenciones a asociaciones y entidades privadas sin ánimo de lucro para la realización de acciones de compensación educativa, tienen una escuela de madres y padres que dinamiza Radio ECCA. y un proyecto de actividades extraescolares con la Asociación Cultural Aljoguel.

Los planes de compensación educativa que se llevan a cabo en los centros, con la implicación de todo el profesorado y con actuaciones integrales y conjuntas, pese a las características específicas descritas y a las circunstancias anteriormente citadas de este alumnado están dando buenos resultados.

Se vienen desarrollando metodologías inclusivas (apoyo ordinario dentro del aula, grupos flexibles...), tendentes a lograr la calidad educativa y el éxito escolar. Se ha puesto en marcha el Programa español para extranjeros, dirigido a 5" y 6" de Primaria, y se viene desarrollando el Programa de Lengua y Cultura Magrebí, con una participación del 50% del alumnado. Asimismo, se está trabajando con las familias de este alumnado con el mismo fin, lograr el 'éxito escolar'.

Cabe destacar que la diversidad de estos centros está muy por encina de la media de los centros de la Región de Murcia, por lo que no podemos hablar lineal y comparativamente de rendimiento académico, sino de 'éxito educativo' adecuado para este alumnado con necesidades específicas de apoyo educativo.

Por este motivo, la Consejería de Educación, Formación y Empleo continúa prestando una atención especial de apoyo a la compensación educativa en ambos centros de El Palmar (Murcia)".

Si lo estima necesario, puede remitir a esta Institución un nuevo escrito en el que debería citar el número de expediente arriba expresado, manifestando las consideraciones que estime oportunas en relación con lo expuesto por la administración.

Si en el plazo de un mes no elevase las alegaciones antes citadas, se procederá a la conclusión del expediente, en cumplimiento de lo dispuesto en el artículo 31 de la Ley Orgánica 3/1981 de 6 de abril, del Defensor del Pueblo.

Agradeciéndole la confianza demostrada, le saluda cordialmente.

María Luisa Cava de Llano y Carrió
Defensora del Pueblo (e.f.)

INTENTEMOS REENFOCAR EL ASUNTO

Observamos, para nuestro pesar, que ha cambiado la firma del remitente de la Institución.

Contestamos en el plazo exigido:

A la atención de:

Dñª. María Luisa Cava de Llano y Carrió
Defensora del Pueblo (e.f.)

Asunto: Nº expediente: 09002651

Estimada señora:

En referencia al expediente de queja arriba mencionado, y dando respuesta a su escrito de fecha 17 de enero de 2011, estimo oportuno manifestar algunas consideraciones de las que daré cuenta más adelante.

Es conocido el cambio de titularidad que se ha iniciado en la institución del Defensor del Pueblo. Sabemos el sobreesfuerzo que los tiempos de mudanza implican, sobre todo para quienes gestionan el cambio o recogen el testigo. Como quiera que el asunto de mi queja nos viene ocupando ya dos años, no le sobrecargaré con un arduo resumen del coqueteo epistolar con el que la Consejería de Educación, Formación y Empleo nos viene seduciendo. Más bien le haré un ejercicio de proyección de futuro de mi barrio.

La ciudad de Murcia tiene varios núcleos poblacionales, uno de ellos es El Palmar, de unos 20.000 habitantes (+-), en el que está inserto el barrio de Los

Rosales: una construcción monótona de ladrillo visto color roble amarillo, amarillento, y tejados de chapa de Uralita (con amianto cancerígeno) bombardeada por el granizo durante el final del siglo pasado, y parcheada en plata y negro asfalto. El Palmar es una localidad compacta, no diseminada, de una densidad media, donde todos los colegios están cerca unos de los otros, sin destacables barrenas arquitectónicas o accidentes naturales que la dividan. Pero hete aquí que una franja imaginaria sesga el barrio de Los Rosales del resto urbano: la franja de la inmigración, de la raza, de la pobreza.

En Los Rosales somos algo menos de cinco mil habitantes, más de la mitad son obreros no cualificados en situación de desempleo, de nacionalidad diferente a la española y un conocimiento de la lengua oficial de este estado como de andar por casa en el mejor de los casos, los varones, y un analfabetismo extremo en el caso de la mayoría de sus mujeres. Administración y progenitores han optado por recluir a sus menores, por diferentes razones cada uno, en los colegios del barrio. Nada impediría una redistribución equitativa de este alumnado, sólo la voluntad de ambos grupos les está marcando para siempre la vida, su futuro.

La proyección que antes le mencionaba es la siguiente: Con unos progenitores en paro y sin posibilidad de apoyarles en la educación reglada, con una formación académica escasa, mínima, los niños y niñas de mi barrio están haciéndose jóvenes sin trabajo y, lo que es más grave, sin la preparación necesaria para conseguirlo cuando hubiere para todos. En el CEIP Los Rosales se fabrican estudiantes fracasados de ESO de modo continuado y naturaleza uniforme, no existe la diversidad: procedencia magrebí y etnia gitana al 97 % (los centro-africanos no quieren llevar allí a sus hijos), en el Santa Rosa de Lima la diversidad de los futuros fracasados en ESO sí que existe, es cierto.

Como le recordaba en mi anterior misiva de 4 de agosto de 2010, en la educación Primaria sólo se puede repetir una vez por ley, con lo que al final todo el alumnado promociona, el truco consiste en rebajar el nivel de exigencia. Los niños de mi barrio se tropiezan con su realidad cuando llegan a los IESO y miden conocimientos con sus nuevos compañeros que vienen de distintos CEIP. Doña María Luisa, créame cuando le digo que los y las mejores alumnos del Santa Rosa y Los Rosales, los mejor preparados, se decepcionan al llegar al IESO, me lo han confesado varios de ellos, no entienden su situación, su cambio, sufren verdaderamente el desfase, su sufrimiento es profundo, se mina su autoestima sobremanera. Esta crueldad que infligimos a nuestros niños no es justificable.

Este gueto de paro, pobreza y falta de preparación para el futuro se cierra cada vez más sobre sí mismo; el intercambio de experiencias, cultural y vital, no se produce entre las diferentes familias, entre las distintas comunidades. El flujo bidireccional no existe. Los hijos de padres extranjeros notan la diferencia de formación que les distancia de los aborígenes y tienden a agruparse más, a cerrarse, a verse diferentes, cosa que también sucede desde la otra parte, el sentimiento de distanciamiento es recíproco. Pero no ya solo entre indígenas y foráneos, sino entre las distintas etnias, como se puede observar el los citados colegios, reflejo fiel de esta sociedad.

La pobreza y la marginación (la nueva y actual concejala del ayuntamiento de Murcia califica sin tapujos a este barrio de marginal) como la pólvora estanca, sin salida, se convierte en una bomba. Al tiempo. Sin formación, sin preparación no hay futuro. La movilidad social no se produce, no tiene lugar para darse. No le voy a cansar con lo que ya está dicho y contrastado desde hace muchos años y que usted ya sabe. Sólo le pido ayuda.

Quisiera ahora hacer algunas anotaciones a la última contestación que le remitió la citada consejería sobre este asunto:

El Adjunto Segundo del Defensor del Pueblo solicitaba en pasado mes de julio de 2010 al mencionado órgano autonómico "*la emisión de un nuevo informe en el que precisen las* ***iniciativas*** *que esté previsto adoptar para la determinación y aplicación en dichos centros de medidas compensatorias* ***adicionales*** *a las ya puestas en marcha, que permitan a su alumnado lograr índices de promoción que paulatinamente vayan aproximándose a la media de esa comunidad autónoma".*

Yo respondo: Todas las actuaciones educativas a las que alude en su contestación la consejería vienen aplicándose desde años atrás, dando los resultados que dan. De la respuesta que ofrecen desde Murcia se desprende alguna de estas sentencias:

- El remitente desconoce la noción de "iniciativas"
- El remitente ignora el significado de "adicionales"
- El remitente no da con el concepto de "paulatina aproximación"
- El remitente tiene gran fe en sí mismo.

Otras consideraciones al nuevo argumentario que ofrece la Consejería:

- El porcentaje de escolarización de minorías étnicas magrebí y gitana (no centro-africana, como señalaba más arriba) en el colegio Los Rosales no es del 90 %, sino del 97%.

- Las "*zonas geográficas precarias*" a las que hace referencia no tienen más división que las que marca el callejero. No existe nada, absolutamente nada, atribuible a la geografía que dificulte la equidad en la distribución, ni justifique esta segregación racial y económica, ni esta condena al fracaso escolar y vital.

- La dificultad de apoyo familiar a la que alude se soluciona aplicando la ley, la LOE (No le miento cuando le digo, Sra. Cava de Llano, que la mismísima Directora General de Centros, dependiente de la Consejería de Educación, me negaba públicamente que en la citada ley se mencionase tan siquiera la equidad en la escolarización, aseguraba que lo que la ley defendía únicamente era la libertad de elección de centro por parte de los padres). No me reiteraré en los argumentos con los que inicié esta queja que, por otra parte ni son nuevos, ni se ponen en duda por la comunidad científica y son de obligado cumplimiento al estar recogidos en una ley orgánica. Reitero la palabra: EQUIDAD.

- La gran movilidad del alumnado de estas características a la que hace referencia quedaría diluida con una equitativa redistribución del mismo. La incidencia porcentual sería mínima.

- Parecería que en la consejería están de broma cuando justifican su fracaso (el del alumnado y el suyo propio, el profesional) "*debido al desconocimiento del español al escolarizarse y al gran número de inmigrantes, ya que la inmersión lingüística es mucho más difíc*il *que se produzca*". Da pereza volver a hablar aquí, por enésima vez, del concepto distribución equitativa.

- Desconozco, y soy del barrio, a qué se refiere el remitente cuando menciona que "*se están realizando grandes esfuerzos en dotación de recursos humanos para la sociedad de acogida".*

- "*Los grandes esfuerzos para los alumnos/as inmigrantes*" son los que se viene realizando, ya les decía más arriba, desde años atrás, con los "*buenos resultados*" (sic) que la misma consejería reconoce en su anterior informe. Por lo que se deduce que en esta Comunidad Autónoma dan por buena esta situación, están satisfechos con ellos mismos y su pionera *"metodología inclusiva, tendente a lograr la calidad educativa y el éxito escolar",* del que hacen gala sin pudor alguno.

- Hábilmente han implantado en uno de los colegios, que no para un ámbito socialmente más amplio, el Programa de Lengua y Cultura Magrebí, lo que aumenta el interés de los padres de esta procedencia en mantener a sus retoños, les fideliza más, en este colegio donde la diversidad no existe, donde la uniformidad es la realidad y la segregación es voluntaria en línea ascendente de primer grado. Dentro de unos años les culparemos a ellos de su falta de integración en esta sociedad, de la intransigencia de sus costumbres, de su falta de acomodo, etc.

- Resultaría curioso conocer los avances o las reflexiones que el orientador del equipo, al visitar el CEIP Los Rosales un día semanalmente, refleja en sus anotaciones. ¿Podría solicitárselas?

- Insiste el remitente en que *"la diversidad de estos centros está muy por encima de la media..."* Quiero atribuir al desconocimiento del concepto diversidad esta argumentación. En el CEIP Los Rosales no existe la diversidad, por el contrario es la uniformidad de su alumnado lo que le caracteriza (97%). Disfrazar las necesidades específicas de apoyo educativo con términos que llevan a engaño es un fraude a esta sociedad y a esos niños, nuestros niños, nuestro futuro.

Finalmente me remitiré a las peticiones que elevé a su institución el pasado agosto y que resumiría en la necesidad de contrastación de este alumnado con el resto, en sus respectivos IESO, tanto académica como socialmente, nivel de éxito académico y abandono escolar. Esto ya debe haberlo efectuado la Consejería de Educación, debe de haberlo contrastado ya, de otra forma no se entenderían sus argumentaciones de que *"no podemos hablar lineal y comparativamente de rendimiento académico, sino de éxito educativo adecuado para este alumnado..."* ¿?! . Una vez obtenidos los datos de un modo científico tendríamos la mitad del camino andado.

Señora Cava de Llano, Defensora del Pueblo e.f., ya no sé cómo decirlo, a quién acudir, cómo ponerme, qué rodilla hincar. Pásese y conozca mi barrio, estos colegios, a estos chiquillos. Le invito a un café.

Con renovadas esperanzas, reciba un afectuoso saludo junto con mis mejores deseos de éxitos para usted, que serán los de todos.

En Pliego, a 25 de enero de 2011

SILENCIO EPISTOLAR, REJONAZO Y PUNTILLA

Pasados unos meses de silencio epistolar...

Estimada Institución del Defensor del Pueblo:

Como quiera que el pasado 25 de enero contestamos a su escrito de 17 de enero de este año 2011, y no habiendo recibido respuesta por su parte, cosa que contraviene su costumbre diligente, pensamos que quizá nos remitió contestación a la antigua dirección y no a la nueva que le facilitamos y de nuevo le apuntamos.

Agradecidos como siempre y animándole en su encomiable función, reciba un afectuoso saludo.

En Pliego, a 29 de marzo de 2011

El 27 de junio vuelvo a remitirle a esta institución idéntico correo que el anterior. Finalmente, un par de meses más tarde, recibimos contestación:

Estimado señor:

Es de referencia su escrito de fecha 27 de junio del presente año, que ha quedado incorporado al expediente de la queja que figura inscrita a su nombre en el registro de esta Institución con el número arriba indicado.

Estudiado con detenimiento dicho escrito, el Defensor del Pueblo, que no considera posible reiniciar su actuación en base al mismo, por razones que se deducen de las sucesivas comunicaciones que se le han remitido a lo largo de la prolongada intervención practicada ante la administración educativa de la Región de Murcia, en relación con su queja y en el curso de las efectuadas con ocasión de otras similares, en las que la más que referida administración se ha mostrado siempre contraria a la adopción de medidas de redistribución del alumnado con necesidades educativas especificas que, a su juicio, resultarían contrarias al derecho de los padres a la libre elección de centro.

Por 1o expuesto esta Institución no considera posible practicar las actuaciones que usted sugiere dirigidas a obtener el objetivo expuesto, si bien estudiará en su momento la inclusión de una referencia a la tramitación de su queja en el próximo informe que presente a las Cortes Generales.

Lamentando la tardanza con que se da respuesta a su último escrito que podemos asegurarle ha venido determinada por razones ajenas a nuestra voluntad, cordialmente le saluda,

Manuel Ángel Aguilar Belda
El Adjunto Segundo del Defensor del Pueblo.
En Madrid, a 31 de agosto de 2011

VII. FIN DE LA HISTORIA, PERO NO DE LA LUCHA.

Ya está, así, sin más. La pequeña historia de casi tres años de pelea estéril e infecunda. La paciencia y la lucha tienen un límite. La institución del Defensor del Pueblo habrá hecho suyo el pensamiento de Ortega y Gasset de que *el esfuerzo inútil conduce a la melancolía.*

Un par de semanas después de recibir la definitiva de aquella institución, me desayuno con una breve noticia publicada en el diario regional La Verdad, concretamente el día 16 de septiembre: "La concejal de Educación asegura que las obras de Escuelas Nuevas ya están terminadas".[23]

El asunto va sobre la esperada finalización de las obras de un nuevo centro escolar en la localidad de El palmar (Murcia), pero lo queremos traer a colación aquí porque la boca de la señora Lola Sánchez, a la sazón concejala de educación del Ayuntamiento de Murcia, no hace más que manifestar el pensamiento político y existencial que mueve a nuestros administradores con respecto a sus administrados, el pueblo llano: *...Por otro lado (la concejal) comentó que "no entiendo muy bien el enfado de los padres, ya que les dimos la opción demandar a sus hijos a los colegios La Paz y San José, opción que rechazaron porque no querían que sus hijos estudiasen con inmigrantes, y como último recurso les propusimos que los niños fueran a clase por la tarde durante cuatro días, que tampoco es para tanto, teniendo en cuenta que las otras ofertas no les interesaban". Por último, resaltó que "los*

[23] laverdad.es, 16/09/2011, http://www.laverdad.es/murcia/v/20110916/murcia/concejal-educacion-asegura-obras-20110916.html

padres no deberían quejarse porque desde la administración siempre hemos hecho lo correcto".

Este sentir de la concejala, que encuadraríamos dentro de una actitud no desprovista de cinismo, conocedora de la realidad social y sabedora de cómo presentarla y utilizarla en situaciones críticas, no excluye la responsabilidad colectiva, la de nuestros vecinos aborígenes que, con el fin de evitarles algún inconveniente en el presente a sus hijos, de hacerles partícipes de la realidad social en la que conviven, trasladan el problema a su futuro, lugar donde el monstruo habrá crecido lo suficiente y querrá manifestarse como lo que es.

Tomando el hilo de esta noticia septembrina, buceo en la red para obtener más información, para conocer más de los míos. En la página web de la Federación de Asociaciones de Madres y padres de Alumnos/as Región de Murcia Juan González, con fecha 26 de julio de 2011,[24] aparece un comunicado de la Asociación de Madres y Padres escuelas Nuevas sobre una reunión que mantuvieron en la Consejería de Educación de la CARM la tarde del día anterior.

En esta reunión estaban presentes el Director General de Infraestructuras y Promoción Educativa, el director de Planificación, el Jefe de Arquitectos de la Consejería de Educación, la Inspectora de Educación de la zona, el pedáneo de El Palmar, los directores de los CEIP Escuelas Nuevas, Los Rosales y Párraga, y la representante del AMPA del Párraga.

Aquí informan de que, entre otras cosas, *El Director General de Infraestructuras y Promoción Educativa comunica que la Consejería mantiene sus dos propuestas*

---

24 http://www.faparm.com/index.php?option=com_content&view=article&id=568:comu

originales: reubicación en turno de tarde en el CEIP La Paz o reubicación entre los centros de los Rosales y Párraga.

El AMPA propone la el uso de un centro juvenil de la localidad, antes que el uso de colegios ya habilitados con todos los servicios para la docencia y en activo. *Desde el AMPA hacemos pública la oposición radical de los padres de alumnos del CEIP Escuelas Nuevas a las dos propuestas mantenidas por la Consejería. Consideramos que la propuesta de turno de tarde es inviable en el siglo XXI; respecto a la reubicación en dos centros, pensamos que supone afectar a casi mil niños (que estarían repartidos en dos centros, saturándolos completamente), la mitad aproximadamente de la población escolarizada de El Palmar.*

En un extenso intercambio de opiniones la inspectora manifiesta su desconocimiento acerca de las razones que impulsan la negativa de los padres a mover a sus hijos a los Rosales y pregunta directamente al Secretario del AMPA al respecto. Este, amablemente, le señala que el pedáneo de El Palmar le puede explicar con mucha mayor perfección el sentir que sobre este tema impera en el pueblo. El pedáneo no responde y, sorprendentemente, la inspectora declina inquirir más información sobre el asunto.

Este último párrafo leído en la web de la Federación de Asociaciones de Madres y Padres, de nuestras escuelas públicas, es el más sobrecogedor. La propuesta de la administración no es mezclar temporalmente a los alumnos de Escuelas Nuevas en aquel espacio escolar entre tanto no obtiene su ubicación definitiva, nadie propone esa contraproducente tontería, sólo aprovechar las aulas y los espacios que sí están disponibles para el aprendizaje, manteniendo las mismas agrupaciones de origen y que tendrán su continuidad en el futuro escolar de los pequeños.

El colegio Los Rosales ubicado en el barrio del mismo nombre está apestado.[25] Ya no es sólo que más de tres o cuatro alumnos en la misma aula, con ciertas necesidades de mayor atención por parte de la maestra se la resten a mis hijos, es que ni tan siquiera compartir el mismo edificio en aulas bien diferenciadas es conveniente para nuestra blanca descendencia. Será el color, será el olor, qué será. El monstruo está en estos momentos ya talludito. Sólo hace falta alimentarlo convenientemente unos poquitos años más. Entonces recogeremos nuestros frutos.

Observemos la actitud pueril y cobarde por parte de los padres y madres miembros de esa AMPA, representados por su secretario, al rehusar responder a la inspectora y trasladar "amablemente" la cuestión realizada por la aquella al alcalde pedáneo, a quien dejan la no muy agradable responsabilidad de "explicar con mucha mayor perfección el sentir que sobre este tema impera en el pueblo." Valiente secretario, valientes madres y padres. El sentir popular.

Como vemos no es el viejo debate escuela pública y concertada,[26] al que muchos quieren llegar interesada o ideológicamente, es algo más básico que tiene que ver con lo más profundo de nuestro ser, con lo que somos y con quién queremos compartir nuestro espacio más próximo. Es en el propio sistema educativo donde se inicia la *des-integración* de los ciudadanos en edad escolar, de los niños

---

[25] *La exclusión es una relación social y no un estado o posición ocupada en la estructura institucional de una determinada sociedad.* Para una comprensión dialéctica de los procesos de exclusión podemos consultar en Karsz, 2004 y en Paugan, 1996. Históricamente, a los pobres se les ha negado el derecho a la educación impidiéndoles el acceso a la escuela. Hoy, se les niega este derecho al no ofrecerles otra alternativa sino la de permanecer en un sistema educativo que no garantiza ni crea condiciones para el acceso efectivo a una educación de calidad, al limitar las condiciones efectivas de ejercicio de este derecho por la persistencia de las condiciones de exclusión y desigualdad que se han transferido hacia el interior del mismo sistema escolar. (Gentili, P. y otros, Políticas, movimientos sociales y derecho a la educación, Clacso, Buenos Aires, 2010).

[26] Magisnet, 4/06/2003, La escuela concertada pide la dimisión del Defensor del Pueblo, http://www.magisnet.com/noticia.asp?ref=910

con padres que pertenecen a colectivos estigmatizados o desfavorecidos social o económicamente.

Una de las primordiales funciones de nuestro sistema educativo en su etapa obligatoria, debería ser luchar contra la exclusión social, no conservarla o menos aún fomentarla. Dice nuestra Constitución en el artículo 9.2: *Corresponde a los poderes públicos promover las condiciones para que la libertad y la igualdad del individuo y de los grupos en los cuales se integra sean reales y efectivas remover los obstáculos que impidan o dificulten su plenitud y facilitar la participación de todos los ciudadanos en la vida política, económica, cultural y social.*[27] Así, el "derecho a la libre elección de centro escolar",[28] que no viene recogido en nuestra constitución, debe ser interpretado como un derecho supeditado al derecho a la educación en condiciones de igualdad, contando con la limitación de los recursos disponibles junto con los condicionantes derivados del principio de integración de los ciudadanos.

Quisiera concluir de igual modo que en mi anterior trabajo,[29] volviendo a recordar por enésima vez la ratio de alumnos con necesidades específicas de apoyo educativo de los colegios de Los Rosales, pero esta vez para aclarar el vacío legal o normativo en el que se encuentran los niños de idioma materno diferente al español, de padres extranjeros, ya que la ley sólo contempla a los de "incorporación tardía al sistema educativo español"[30] cuando intenta aproximarse

---

[27] Constitución Española, 1978. Título Preliminar, Artículo 9.2, aprobada por las Cortes Españolas el 31/10/1978, por el Pueblo español en referéndum el 6/12/1978, sancionada por el Rey el 27/12/1978 y publicada en el B.O.E. núm. 311-1, de 29/12/1978.

[28] Articulo 84 de la Ley Orgánica de Educación, que indica que las administraciones públicas regularán la admisión del alumnado en los centros públicos y en los privados concertados, de tal forma que garantice el derecho a la educación, el acceso en condiciones de igualdad y la libertad de elección de centro por padres o tutores.

[29] Llamas, J.:"Prácticas docentes. Una propuesta de trabajo", Ediciones del 4 de Agosto, Murcia, 2009

[30] Ley Orgánica 2/2006, de 3 de mayo, de Educación.

al problema de la diferencia de códigos de comunicación, del idioma.

Produce cierto desconcierto recordar la ley y su descripción de la finalidad de la Educación Primaria que, recordemos, es proporcionar a todos los niños y niñas una educación que permita afianzar su desarrollo personal y su propio bienestar, adquirir las habilidades básicas relativas a la expresión y comprensión oral, a la lectura, a la escritura y al cálculo, así como el desarrollo de las habilidades sociales, los hábitos de trabajo y estudio, sentido artístico, la creatividad y la afectividad.

Es realmente lacerante comprobar la laxitud con la que asistimos al futuro que estamos creando hoy mismo. La educación que perpetra nuestro sistema, y que debería ser compensadora de desigualdades, se está encargando de acentuar y perpetuar las diferencias sociales.[31]

Aulas de acogida, bajas ratios de alumnos por aula, clases de apoyo y todos los demás parches bienintencionados que queramos poner no solucionan el problema, sólo nos tranquilizan, sedan nuestra hipócrita conciencia al pasar la responsabilidad de su fracaso al alumno. La única solución honesta sería cerrar los colegios colmatados de estas características y redistribuir a sus párvulos ciudadanos de una forma equitativa, haciéndoles partícipes de la justicia y de nuestra vergüenza.

---

[31] Uno de los modelos de desventaja social lo constituyen el alumnado con riesgo de fracaso escolar: La OCDE-CERI (1995) enumera siete situaciones de riesgo que pueden actuar individual o interactivamente y ser causa del fracaso escolar en los alumnos que la padecen: pobreza, pertenencia a una minoría étnica, familias inmigrantes, monoparentales, sin vivienda adecuada o sin relación con la escuela, conocimiento pobre del lenguaje mayoritario, tipo de escuela y condiciones de la instrucción educativa, geografía y factores comunitarios (falta de apoyo social y de condiciones para el ocio). Las manifestaciones más importantes de la conjunción de estos factores son, por ejemplo, el bajo rendimiento escolar, la baja satisfacción o autoestima, la falta de participación, el rechazo de la escuela, ausencias, abandono, problemas de conducta y delincuencia. (Arnaiz Sánchez, P. 2006)

Escuelas con un tope máximo de un 20 % de este perfil de alumnado, recordando que hablamos de idioma, no de colores, que podría ser algo superior en el caso de que los niños fuesen tan competentes en el leguaje de trabajo como sus compañeros de padres autóctonos. Así evitaremos la dualidad de tener "escuelas de éxito" y "escuelas de fracaso", barrios o sociedades de éxito o de fracaso. Esta es nuestra sencilla propuesta por la que trabajamos.[32]

[32] El lingüista y filósofo estadounidense Noam Chomsky (1928) nos recuerda que una de las lecciones más claras de la historia, incluida la historia reciente, es que los derechos no son graciosamente concedidos, sino conquistados.

BIBLIOGRAFÍA:

- CALERO, J., BONAL, X., *Política educativa y gasto público en educación. Aspectos teóricos y una aplicación al caso español*, Ediciones Pomares-Corrredor, Barcelona, 1999.

- ARNAIZ SÁNCHEZ, PILAR, Atención a la diversidad. Programación curricular, Eumed, San José, Costa Rica, 2006

-CARBONELL, F. (coord.), *Educació i immigració*, Barcelona, 2000, Editorial Mediterrània, 2000.

-CARBONELL, F., QUINTANA, A (coords.), *Immigració i igualtat d'oportunitats a l'ensenyament obligatori*, Finestra Oberta, 32, Fundació Jaume Bofill, Barcelona, 2003.

- MONEREO, C. *coord.(2000). Estrategias de aprendizaje. Madrid Visor/UOC.*

- TORREGO, J.C.. *(2000). Mediación de conflictos en instituciones educativas. Madrid: Narcea*

- BIB PUIG ROVIRA, J. M. *(2001). La Tarea de educar. Madrid: Celeste.*

-EMBID IRUJO, A., *La enseñanza en España en el umbral del siglo XXI,* Tecnos, Madrid, 2000.

-FERNÁNDEZ-MIRANDA CAMPOAMOR, A., *De la libertad de enseñanza al derecho a la educación*, Centro de Estudios Ramón Areces, Madrid, 1988

• LARIOS PATERNA, M.J., "La regulació de l'educació dels immigrants a la Llei Orgància 10/2002, de 23 de desembre, de Qualitat de l'Educació", en AJA, E., NADAL,M., (eds.),

- *La inmigració a Catalunya avui. Anuari 2002*, Editorial Mediterrània, Fundació Jaume Bofill, Barcelona, 2003.

- VILLAROYA PLANAS, A., *La financiación de los centros concertados*, Ministerio de Educación, Cultura y Deporte, Madrid, 2000.

-

- VV.AA., *La inmigración Extranjera en España. Los retos educativos*, Colección Estudios Sociales de la Fundación La Caixa, Barcelona, 1999.

http://www.giemic.uclm.es/index.php?option=com_docman &task=doc_view&gid=833&Itemid=60

www.ingramcontent.com/pod-product-compliance
Lightning Source LLC
LaVergne TN
LVHW050557160826
845677LV00011B/2349

* 9 7 9 8 3 5 2 3 7 9 7 6 9 *